감수 와타나베 준이치
일본 국립 천문대 부대장, 교수

움직이는 도감
MOVE!
우주

고단샤 편저

루덴스미디어

우주 공간에서 생명의 원천을 발견!

최신 망원경 ALMA(알마)가 아기별 주변에서 생명의 원천이 되는 '당분자'를 처음으로 발견했습니다. 이 당분자가 앞으로 태어날 행성에 흡수되어 간다면 생명의 탄생으로 이어질지도 모릅니다.

➡88쪽

금성, 태양 위를 통과하다

관측 위성 '히노데'가 촬영한 사진입니다. 2012년 6월 6일에 금성이 태양면을 통과하는 현상인 '일면통과'를 일본에서 볼 수 있었습니다. 이것은 태양, 금성, 지구가 일직선으로 나열되는 매우 드문 현상으로, 다음번에는 한참 뒤인 2117년에야 볼 수 있습니다.

➡27쪽

Space News 우주 뉴스

주목을 모으는 우주의 정보와 새로운 발견의 일부를 소개!

아이손 혜성이 소멸했다!

국제과학광학네트워크(ISON; International Scientific Optical Network)에 의해 발견된 아이손 혜성. 태양계 끝에 있는 오르트 혜성운에서 튕겨져 나와, 2013년 11월에는 태양에서 약 110만 km 거리까지 접근했으며 육안으로도 잘 보일 것으로 기대되었지만, 태양의 열로 인해 산산조각으로 붕괴되어 증발해 버렸다고 NASA(미국 항공우주국)가 발표했습니다. 아이손 혜성은 태양계가 형성된 무렵에 탄생해 수십만 년에 걸쳐 태양계 중심부를 향해 날아오다가 결국 소멸하고 만 것입니다.

➡72쪽

태양계 크기 랭킹

👑 **태양** ▶P.16
직경 139만 2,000km

👑 **목성** ▶P.54
직경 14만 2,984km

👑 **토성** ▶P.60
직경 12만 536km

MOVE 알아보자!
우주 무엇이든 랭킹!

거대한 항성과 행성들이
아주 작은 먼지와 가스로
이루어졌다는 게 신기합니다.
각 분야의 톱3를 소개합니다.
상세한 내용은 본문에서 즐겨 주세요!

항성의 크기 랭킹

👑 **적색 초거성** ▶P.98

👑 **적색거성** ▶P.98

👑 **청색 초거성** ▶P.98

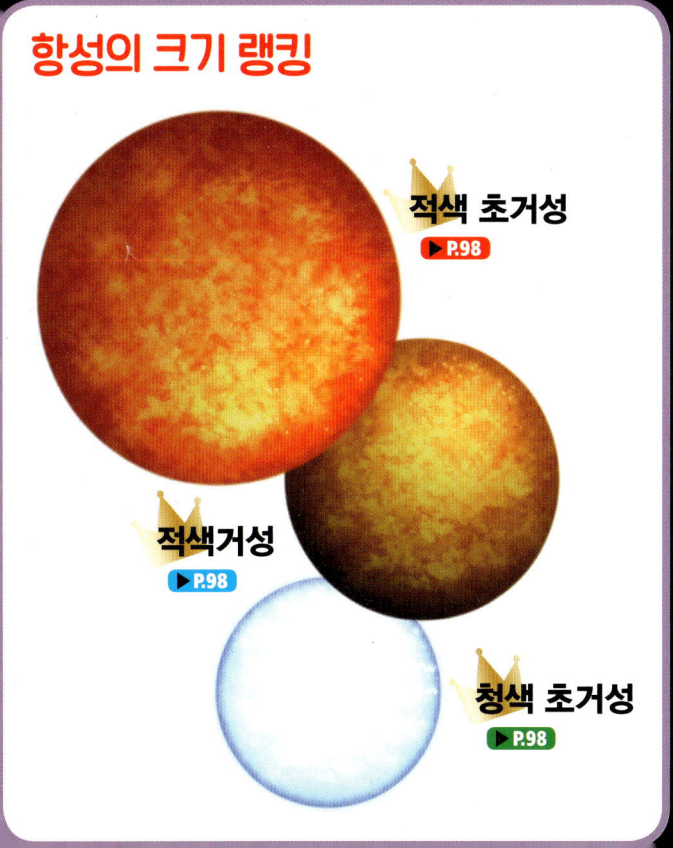

위성 크기 랭킹

👑 **가니메데**(목성) ▶P.57
5,262km

👑 **타이탄**(토성) ▶P.62
5,150km

👑 **칼리스토**(목성) ▶P.57
4,800km

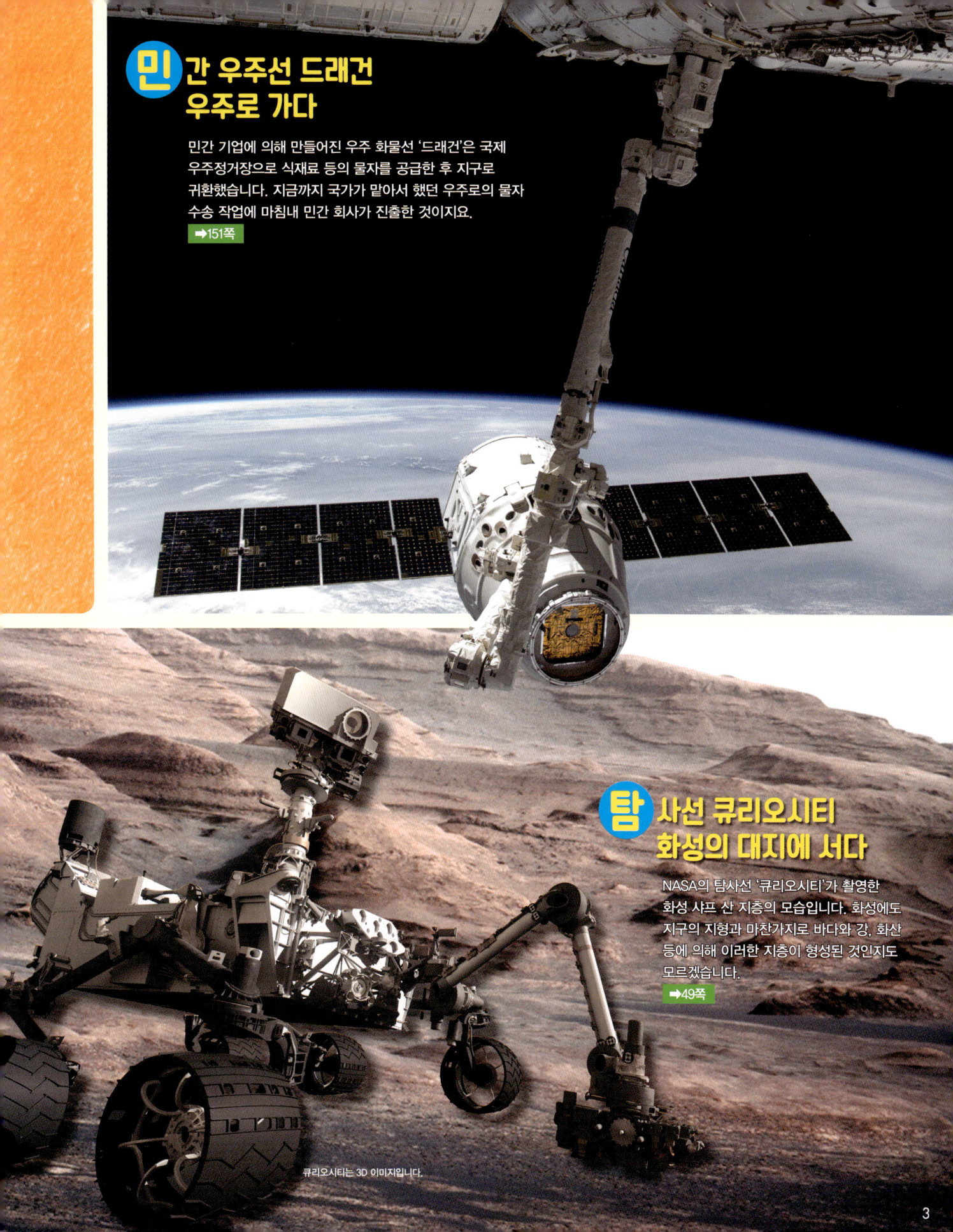

민간 우주선 드래건 우주로 가다

민간 기업에 의해 만들어진 우주 화물선 '드래건'은 국제 우주정거장으로 식재료 등의 물자를 공급한 후 지구로 귀환했습니다. 지금까지 국가가 맡아서 했던 우주로의 물자 수송 작업에 마침내 민간 회사가 진출한 것이지요.

➡151쪽

탐사선 큐리오시티 화성의 대지에 서다

NASA의 탐사선 '큐리오시티'가 촬영한 화성 샤프 산 지층의 모습입니다. 화성에도 지구의 지형과 마찬가지로 바다와 강, 화산 등에 의해 이러한 지층이 형성된 것인지도 모르겠습니다.

➡49쪽

큐리오시티는 3D 이미지입니다.

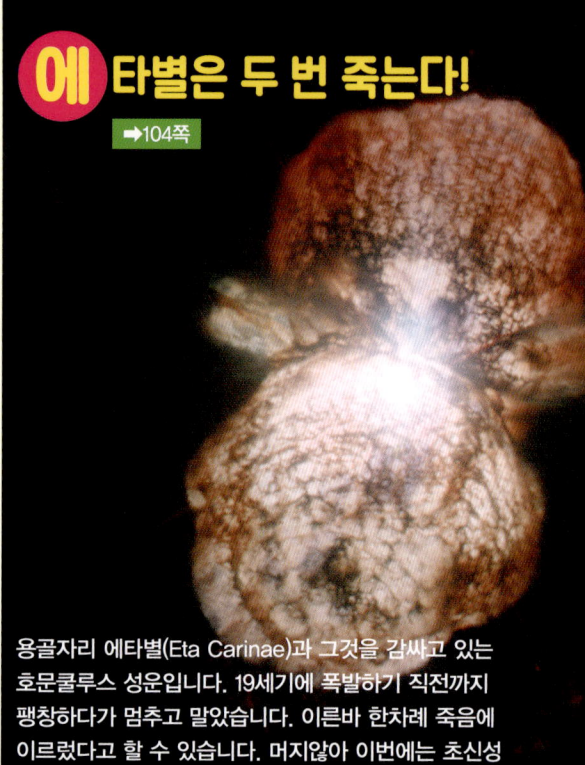

에 타별은 두 번 죽는다!
➡104쪽

용골자리 에타별(Eta Carinae)과 그것을 감싸고 있는 호문쿨루스 성운입니다. 19세기에 폭발하기 직전까지 팽창하다가 멈추고 말았습니다. 이른바 한차례 죽음에 이르렀다고 할 수 있습니다. 머지않아 이번에는 초신성 폭발을 일으켜 별로서의 일생을 마감하겠지요.

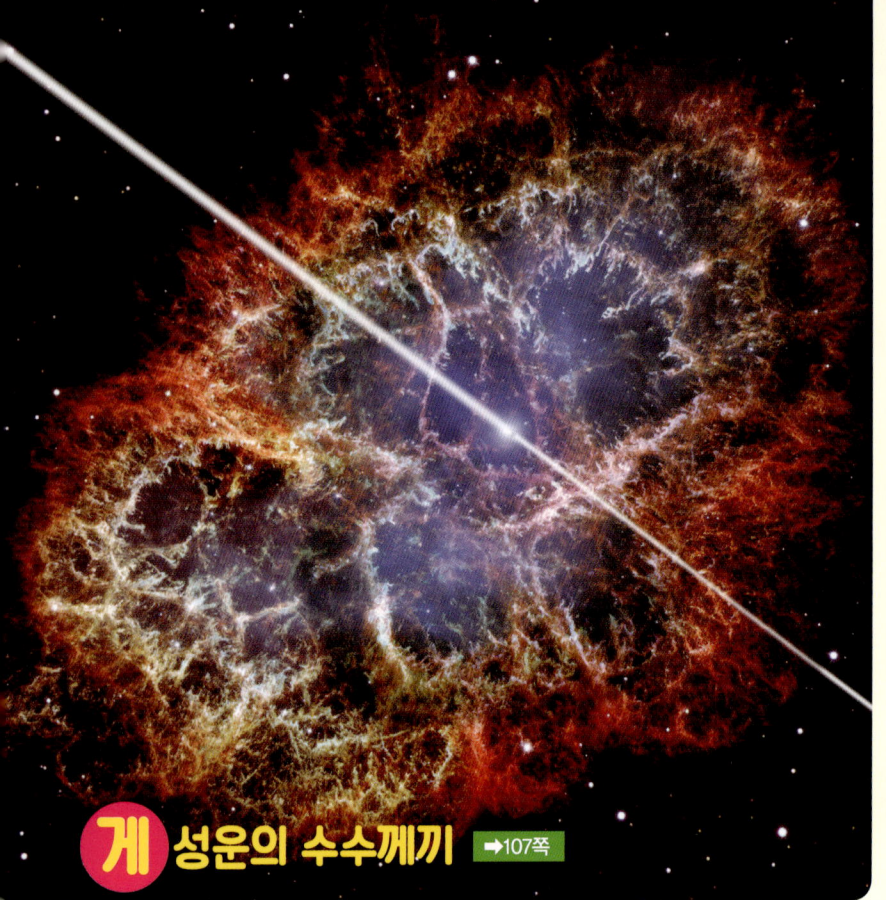

게 성운의 수수께끼
➡107쪽

게 성운 중심에 있는 중성자별의 이미지입니다. 중성자별에서는 커다란 에너지가 방출되고 있는데, 2011년 관측 사상 최대의 고에너지 방출이 관측되었습니다.

최 초의 쾌거 혜성에 탐사선이 착륙!
➡71쪽

2014년 11월 13일, 유럽우주기구(ESA)의 혜성 탐사선 '로제타'가 투하한 착륙기 '필레'가 추류모프-게라시멘코(Churyumov-Gerasimenko) 혜성에 착륙하는 데 성공했습니다. 혜성에 착륙한 것은 사상 최초의 쾌거입니다. 사진은 혜성 표면에서 3km 떨어진 위치에서 '필레'가 촬영한 것입니다.

잇 달아 발견되는 외계 행성
➡114쪽

우리가 사는 지구. 광대한 우주에 비슷한 행성이 있을까요? 이를 밝히기 위해 외계 행성의 관측과 발견이 진행되고 있습니다. 위 일러스트는 두 개의 태양을 가진 행성의 상상도입니다. 이러한 행성은 우주에서는 드물지 않은 것으로 여겨지고 있습니다.

암 암흑에너지 카메라 시동!
➡140쪽

세계에서 가장 감도가 높은 카메라인 암흑에너지 카메라가 관측을 시작했습니다. 80억 광년 거리의 우주를 포착하여 우주 최대 수수께끼 중 하나인 암흑에너지에 대해 밝히는 것이 목표입니다.

불 가사의한 대폭발 감마선 버스트

우주 최대의 폭발 현상 '감마선 버스트(Gamma Ray Burst)'가 일본의 소형 태양 전력 우주 범선 '이카로스(IKAROS)'에 의해 관측되었습니다. 폭발이 일어날 때는 정해진 일정 방향에서 빛이 방사됩니다. 이 관측에서는 감마선 버스트가 강한 자기장 안에서 일어나고 있음이 밝혀졌습니다.
➡93쪽

수 수께끼의 물질 암흑물질 그 비밀이 더욱 깊어지다
➡138쪽

눈에 보이지 않은 암흑물질(다크 매터)은 지금까지 밝은 은하의 내부나 가까이에 존재한다고 여겨졌습니다만, 최근에는 은하의 무리에서 동떨어진 장소에서도 발견되기 시작했습니다.

차례

CONTENTS

움직이는 도감 MOVE 우주

와타나베 박사 — 용어집
제가 각 페이지의 요점을 설명해 드리겠습니다. 모르는 용어가 나오면 각 페이지 아래 용어집을 참고하세요.

닐 — 상상만 해도 가슴이 두근거리는걸.

유리 — 자~, 우리 함께 우주의 매력을 찾아 여행을 떠나 봐요!

제1장 태양계 The Solar system

- 태양계의 주요 천체 ············ 14
- 태양 ································· 16
- 태양의 자기장 ···················· 18
- 태양풍 ······························ 20
- 수성 ································· 22
- 금성 ································· 24
- 금성의 모습 ······················· 26
- 수성과 금성의 모습 ············ 27
- 지구 ① ···························· 28
- 지구 ② ···························· 30
- 지구 ③ ···························· 32
- 지구와 달의 탄생 ··············· 34
- 달 ··································· 36
- 달에 도전하다 ··················· 38
- 달의 공전과 자전 ··············· 40
- 일식과 월식 ······················· 42
- 화성 ································· 44
- 화성의 모습 ······················· 46
- 화성과 탐사선 ··················· 48
- 소행성을 뒤쫓다 ················ 50
- 운석과 크레이터 ················ 52
- 소행성대 ··························· 53
- 목성 ································· 54
- 목성의 위성들 ··················· 56
- 에우로파 ··························· 58
- 토성 ································· 60
- 토성의 위성 ······················· 62
- 천왕성 ······························ 64
- 해왕성 ······························ 66
- 명왕성과 태양계 외연 천체··· 68
- 혜성 ································· 70
- 태양계의 끝 ······················· 72
- 태양계의 탄생 ··················· 74
- 태양계의 종말 ··················· 76

탐사선 오퍼튜니티가 포착한 화성

사진은 화성 탐사선 '오퍼튜니티(Opportunity)'가 2004년에 촬영한 화상을 연결한 것입니다. 바짝 말라서 풀 한 포기 자라지 않는 화성의 모습을 보여 주고 있습니다.

➡ 관련 페이지는 '화성' 44쪽.

제2장
우주 관측 Space observation

가정에서 즐기는 천체 관측 … 80	스피처 … 90
별자리 보기 … 82	X선망원경 … 92
스바루 … 86	감마선망원경 … 93
ALMA(알마) … 88	차세대 망원경 … 94

사진은 오퍼튜니티가 촬영한 사진에 오퍼튜니티의 화상을 합성한 것입니다. 이 책에는 이러한 탐사선이나 우주망원경의 사진이 다수 등장합니다.

차례 CONTENTS

제3장
항성의 모습 *Star*

항성의 종류 ················ 98	연성과 변광성 ············· 108
항성의 일생 ················ 100	산개성단과 구상성단 ······· 110
항성의 탄생 ················ 102	성운 ······················ 112
항성의 최후 ① ············· 104	외계 행성 ① ··············· 114
항성의 최후 ② ············· 106	외계 행성 ② ··············· 116

허블 우주망원경이 포착한 미스틱 마운틴

사진은 허블 우주망원경이 포착한 에타 카리나 성운(Etacarinae Nebula)의 일부로, 여기서는 잇달아 별이 탄생합니다. 먼지와 가스의 구름이 커다란 산과 같이 보여 미스틱 마운틴(Mystic Mountain)이라고 불리고 있습니다.

제4장
은하계와 은하 *The Galaxy & Galaxies*

은하계의 형태 ·················· 120
국부 은하군 ·················· 122
여러 가지 은하 ·················· 124
블랙홀과 활동은하 ·············· 126
블랙홀의 합체 ·················· 128
은하단 ·························· 130
우주의 모든 것 ················ 132

차례 CONTENTS

제5장
우주론 Cosmology

- 시작은 '무'였다 ·················· 136
- 우주의 진화와 암흑물질 ········ 138
- 암흑에너지와 우주의 미래 ····· 140

우주로 날아가는 스페이스 셔틀

반복 사용할 수 있다는 점이 특징인 유인 우주선으로 약 250만 개의 부품으로 이루어져 있습니다. 이것은 인류가 지금까지 제조한 것 중에서 가장 복잡한 기계라고 합니다. 1981년에 처음으로 발사된 이후 2011년까지 135회나 우주로 날아가 여러 가지 새로운 발견과 국제 우주정거장의 건설 등에 공헌했습니다.

➡ 관련 페이지는 '우주선들' 150쪽.

제6장
🔴 우주 개발 *Space development*

우주 비행사 …………… 144	미래의 우주 개발 ① ……… 154
세계의 로켓 …………… 146	미래의 우주 개발 ② ……… 156
우주 로켓 대해부 ………… 148	미래의 우주 개발 ③ ……… 158
우주선들 ……………… 150	우주 연표 …………………… 160
인공위성 ……………… 152	
차세대 탐사선 ………… 153	색인 ………………………… 162

제1장
태양계
The Solar system

태양 전력 돛

 와타나베 박사의 요점 설명

태양계는 태양을 중심으로 행성, 왜행성, 그들을 둘러싼 위성, 소행성, 혜성 등 다양한 천체가 장대한 운동을 반복하여 46억 년의 역사를 새겨 왔습니다. 인류는 1만 년 이상 전부터 행성을 비롯한 천체에 계속 주목해 왔어요. 그리고 마침내 달에 인간을 보내고, 수성, 금성, 화성, 목성, 토성 등의 행성에 무인 탐사선을 보내어 태양계의 여러 가지 수수께끼를 풀기 위해 도전하기에 이르렀습니다. 하지만 아직 미지의 영역은 넓고, 태양계 탐사는 이제 막 시작된 단계라고 할 수 있지요!

지구

화성

목성

혜성

소행성대

토성

카시니

태양 주위를 도는 것들
태양계의 주요 천체

태양계의 주요 천체

소행성대

태양
수성
금성
지구
달
화성
목성

태양에서의 거리

태양에서 지구까지는 약 1억 4,960만 km. 이것을 1 천문단위(AU)라고 하는데 태양계 내의 거리를 측정하는 편리한 단위입니다. 이 단위를 사용하면 수성까지는 약 0.4AU, 금성까지는 약 0.7AU, 화성은 약 1.5AU, 소행성대는 약 1.8~4.2AU, 목성은 약 5.2AU, 토성은 약 9.6AU, 천왕성은 약 19.2AU, 해왕성은 약 30.1AU 등이 됩니다. 가령 1cm를 1AU라고 가정하여 자로 각 행성의 위치를 표시해 보면 태양계의 행성이 어떻게 위치하고 있는지 실감할 수 있습니다.

태양
수성 (약 0.4AU)
지구 (1AU)
화성 (약 1.5AU)
금성 (약 0.7AU)
목성 (약 5.2AU)
토성 (약 9.6AU)

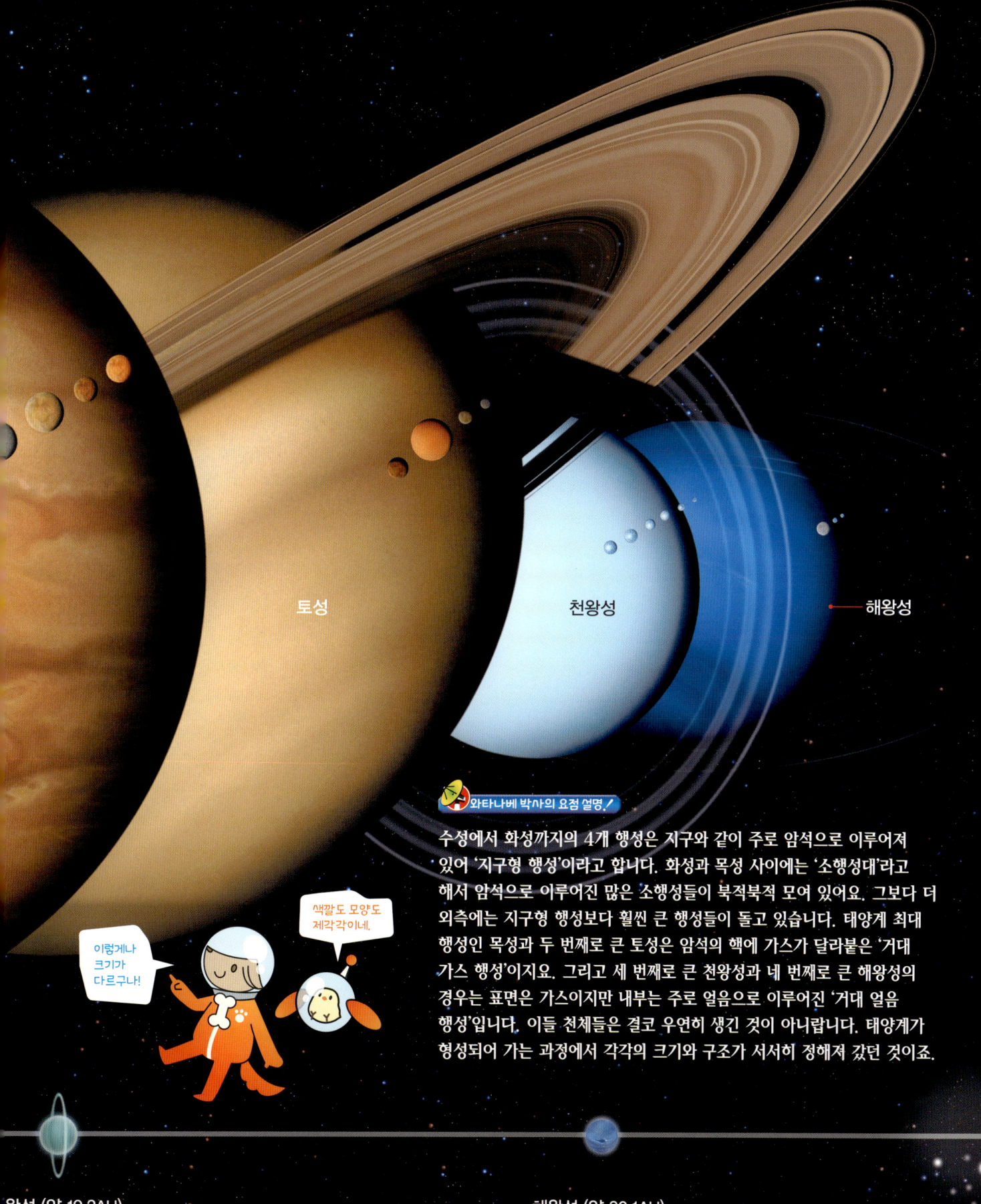

폭발하는 에너지 덩어리
태양

 와타나베 박사의 요점 설명!

태양계에서 가장 크고 무거운 천체 태양. 중심 부분에서 생성하는 막대한 에너지로 빛을 발하면서 이글이글 타오릅니다. 그 빛과 열은 지구를 포함한 모든 태양계 천체에 쏟아져 내리지요. 또한, 태양은 때로 심한 폭발을 일으켜 고온 가스인 태양풍*(20쪽)보다도 많은 양의 고에너지 입자를 방출한답니다.

태양 관측 위성 '히노데'

태양의 수수께끼를 풀기 위해 2006년 9월 23일에 태양 관측 위성* '히노데'가 발사되었습니다. 그리고 현재도 플레어의 구조에 관한 해명 등, 많은 성과를 올리고 있습니다. '히노데'는 일본이 중심이 되어 쏘아 올린 관측 위성입니다만, 여러 나라의 연구 기관이나 연구자와도 서로 협력하고 있습니다.

입상반

태양의 표면에서 볼 수 있는 자잘한 입자가 모여 있는 것 같은 모양이 입상반(쌀알 무늬)입니다. 광구 내측에서 가스가 끓어 넘치듯 솟구쳤다가 가라앉았다 해서 태양의 표면이 입상(쌀알)으로 보이는 것이지요.

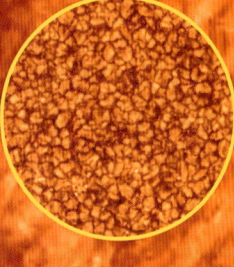

백반

태양의 표면에서 볼 수 있는 흰색 부분이 백반(흰색 반점)입니다. 주변보다 온도가 높아서 밝게 빛이 나고 하얗게 보이는 것입니다.

사진은 미국의 태양 관측 위성 SDO에 의해 음파로 촬영한 태양의 모습입니다.

흑점

태양의 표면에서 볼 수 있는 검정 반점이 흑점입니다. 흑점은 4,000℃ 정도로 주변보다 낮은 온도여서 어둡게 보입니다. 흑점은 태양 표면에서 튀어나와 있는 자력선*(18쪽)의 근원이 됩니다.

프로미넌스(홍염)

태양의 표면 외측에는 대기*의 층인 채층이 있습니다. 이것은 옅은 가스로 이루어진 층입니다. 채층의 가스가 자력선을 따라 불꽃처럼 튀어나와 있는 것이 사진의 프로미넌스(홍염)입니다.

 용어집 *태양풍=플라스마라고 하는 전기를 띤 고온 입자의 흐름. *관측 위성=천체 주위를 돌면서 관측하는 기계.
*자력선=자력의 흐름을 나타내기 위한 선으로 막대자석의 경우는 N극에서 나와 S극으로 향한다. *대기=지구 등의 행성이나 위성 주위를 둘러싸고 있는 기체.

태양의 내부

중심핵은 에너지가 생성되고 있는 부분으로 그 외측의 방사층에서는 에너지를 내측에서부터 외측으로 운반해 갑니다. 가장 외측인 대류층은 가스가 내측에서 외측으로 올라갔다가 또다시 내측으로 내려가는 식으로 에너지가 운반되고 있습니다.

핵융합 반응

중심핵에서는 수소 원자 네 개에서 헬륨 원자 하나가 만들어지는 핵융합 반응이 일어나고 있으며 이 반응으로 팽대한 에너지가 생성되고 있습니다.

채층

태양의 표면 외측에는 대기층인 채층이 있습니다. 이것은 옅은 가스로 이루어진 층입니다.

광구(光球)

육안으로 보이는 태양의 표면을 광구라고 합니다. 태양의 표면은 수백 킬로 정도 두께의 층으로 되어 있으며, 그 표면 온도는 약 6,000℃입니다.

플레어

태양 표면에서는 때때로 심한 폭발이 일어나 대량의 에너지를 방출하는데, 이를 가리켜 플레어라고 합니다. 폭발은 몇 분에서 몇 시간에 이르기도 합니다. 사진은 2011년에 발생한 매우 규모가 큰 플레어로, X선*망원경(92쪽)으로 촬영되었습니다.

코로나

채층의 외측에 있으며 채층보다 한층 더 옅은 고온 가스가 퍼져 있는 것이 코로나입니다. 밀도가 채층의 1,000분의 1 이하가 되는 한편 온도는 100만℃가 됩니다. 사진은 X선망원경으로 촬영한 것으로 거대한 플레어가 발생한 후의 코로나의 모습입니다. 태양 주위에 뭉게뭉게 피어오르는 붉은 연기 같은 것이 코로나입니다.

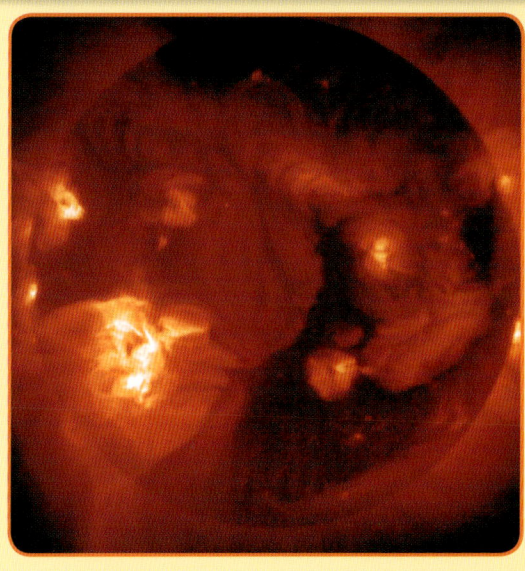

기본 데이터

- 직경·········139만 2,000km (지구 크기의 109배)
- 질량·········지구의 33만 배
- 체적·········$1.41 \times 10^{27} m^3$ (지구의 130만 배)
- 자전주기···약 25~31일

태양은 고온의 가스로 이루어진 별로, 주로 수소와 헬륨으로 구성되어 있습니다. 자전주기*는 적도에서는 25일 정도인데, 위도가 높아짐에 따라 주기가 길어지고, 남극이나 북극 등의 극 부근에서는 31일 정도로 자전하고 있습니다.

용어집 *X선=뢴트겐 등에도 사용되는 방사선. *자전주기=그 천체 자체가 축을 중심으로 회전하는 주기. 지구의 경우는 약 1일.

흑점에서 뿜어낸다!
태양의 자기장

태양의 자기장

와타나베 박사의 요점 설명!

태양의 활동과 자기장*은 깊은 관계가 있습니다. 태양의 자기장이 튀어나와 있는 근원에 있는 것이 흑점인데, 흑점의 수와 나타나는 장소는 태양 활동이 얼마나 활발한지와 관계가 있지요. 태양에서 뿜어내는 불꽃처럼 보이는 프로미넌스는 표면 밖으로 튀어나온 자력선을 따라 떠도는 채층*(17쪽)입니다. 그 밖에 플레어라고 불리는 폭발 현상 등도 자기장과 관계가 있다는 사실이 밝혀지고 있습니다.

프로미넌스
태양에서 뿜어내는 불꽃처럼 보이는 것이 프로미넌스입니다. 이 사진은 태양 표면에서 튀어나온 자력선으로 채층의 가스가 솟아오른 모습입니다.

흑점
태양의 자전으로 뒤틀린 자력선이 태양 안에서 밖으로 튀어나갔다가 다시 태양 내부로 돌아옵니다. 이때 자력선이 나가는 부분과 들어오는 부분이 흑점입니다. 자력선의 출입이 태양 에너지의 흐름을 방해해서 주변보다 온도가 내려가 검게 보이는 것이지요.

자력선
자석과 같이 태양에는 자기장이 있습니다. 이 자기장이 작용하는 힘의 방향을 나타내는 것이 자력선입니다. 태양의 활동과 자력선은 깊은 관계가 있습니다.

 용어집 *자기장=자력이 작용하는 공간. *채층=태양 표면을 뒤덮는 옅은 가스로 이루어진 대기층.

날아가는 플레어
플레어는 코로나 내부에서 상승하여 '코로나 질량 분출(20쪽)'이 일어납니다.

플레어
플레어(flare)는 태양 표면에서 발생하는 폭발 현상입니다. 태양 표면에서 튀어나온 자력선이 도중에 새로 연결되는 경우가 있는데 그때 서로를 튕겨내면서 분리되어 갑니다. 이때 생기는 에너지가 플레어를 일으키는 것으로 여겨지고 있습니다.

하강하는 프로미넌스
플레어가 일어난 후 프로미넌스는 태양 표면을 향해 하강해 갑니다.

자기장의 수수께끼를 파헤친다!

태양은 자전한다
태양도 지구나 다른 행성 등과 마찬가지로 자전*을 합니다. 태양이 1회전 하는 데 걸리는 시간은 북극이나 남극 부근의 경우와 적도 부근의 경우가 다릅니다. 바로 이 사실이 가스로 이루어진 태양의 흥미로운 점이지요. 적도 부근 쪽에서 더 빨리 회전해서 태양 표면의 자력선이 점점 뒤틀려가는 것입니다.

태양의 자기장은 11년 만에 반전한다

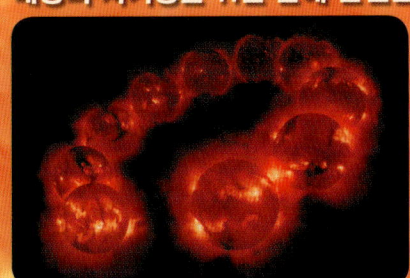

태양 내부에 1개의 막대자석이 있다고 할 때 북극이 S극이면 남극은 N극이 됩니다. 지구의 자기장은 시간이 지나도 거의 변화하지 않는데, 태양의 자기장은 약 11년 만에 바뀝니다. 이 주기는 태양의 활동 주기와 일치하며 태양 활동이 활발할 때는 흑점의 수도 많이 보입니다.

사진은 1년마다 관측한 태양을 연결한 것입니다.

자기장이 4극으로?

태양의 북극이 S극에서 N극으로 바뀌기 시작해도 남극은 N극인 상태로 있는 현상이 발생하는 경우가 있습니다. 그러면 각각의 N극에서 나온 자력선은 적도 부근에서 형성된 S극과 연결되는 일이 발생합니다.

 *자전=천체가 그 자신의 무게중심을 지나는 회전축의 주위를 회전하는 운동.

지구에 미치는 영향은?

태양풍

와타나베 박사의 요점 설명!

태양에서는 태양풍이라고 불리는 고온의 가스가 초속 400km 이상의 고속으로 부는데, 그 정체는 전기를 띤 플라스마 입자입니다. 태양풍은 우주 공간으로 나선 형태를 그리면서 퍼져 나갑니다. 만일 태양 표면에서 심한 플레어가 일어나면 우주선*, 그리고 CME가 밀어닥치게 되는데, 그때 지구를 지키는 것이 지구의 자기장*입니다!

5,000년에 한 번! 800년에 한 번! 슈퍼 플레어

태양의 활동이 활발해지면 보통의 플레어보다 100~1,000배나 되는 규모의 대폭발 '슈퍼 플레어'가 일어날지도 모릅니다. 800년 또는 5,000년에 한 번이라는 등의 다양한 의견이 있습니다만, 슈퍼 플레어가 일어나면 태양풍이 폭발적으로 증가하여 '태양폭풍'이 됩니다. 그러면 태양에서 나오는 유해한 자외선*이 지구에 대량으로 쏟아지고 우주선이라고 불리는 방사선이 떨어져 내립니다. 지표에서는 대기가 방사선으로부터 지켜 주겠지만, 우주 비행사는 대책을 강구하지 않으면 위험한 피폭* 상황에 맞닥뜨릴 가능성도 있습니다. 그리고 지구에는 CME(Coronal mass ejection)가 발생하게 되겠죠.

CME

플레어는 전기의 원천이 되는 플라스마 입자 덩어리를 태양 밖으로 분출하는 CME(코로나 질량 분출)라고 불리는 현상을 일으킬 수 있습니다. CME가 일어나면 초속 700km 이상의 고속으로 지구에 플라스마 입자가 밀어닥칩니다. 또, CME가 일어나면 지구에서는 자기폭풍이 발생합니다. 자기폭풍은 지구의 자기에 커다란 변화를 가져와 북극이나 남극 이외에서도 오로라 현상이 나타나거나 무선 통신에 영향이 발생하거나 정전이 일어나는 등의 영향을 미칩니다.

용어집 *우주선=태양이나 우주 공간에서 날아오는 방사선. 약 90%는 양자이고 나머지 대부분은 헬륨 원자핵으로 이루어짐. *자기장=자력이 작용하는 공간. *자외선=태양의 빛에 포함되는 눈에 보이지 않는 광선. *피폭=방사선에 노출되는 일.

태양풍이 보여 주는 아트 오로라

태양풍의 전기를 띤 플라스마 입자는 태양풍의 흐름에서 멀어져 지구의 자기장을 따라 북극, 남극을 향해 고속으로 이동합니다. 그리고 극지의 상공에서 대기*에 돌입하는 입자가 대기 분자와 서로 부딪혀 발광하는 것이 오로라입니다.

목성의 오로라

목성에도 자기장과 대기가 있기 때문에 지구나 토성과 마찬가지로 오로라가 관측됩니다. 목성의 경우 오로라를 발하는 전기를 띤 입자로써 위성 이오(56쪽)의 화산에서 방출된 가스의 영향도 큰 것으로 알려졌습니다.

토성의 오로라

양극의 상공에서 오로라가 반짝이는 모습을 볼 수 있습니다. 토성에도 자기장과 대기가 있으므로 오로라가 일어납니다. 플라스마 입자가 토성의 자기장을 따라 움직여 양극의 상공에서 빛을 발하며 반짝입니다.

태양풍의 성분

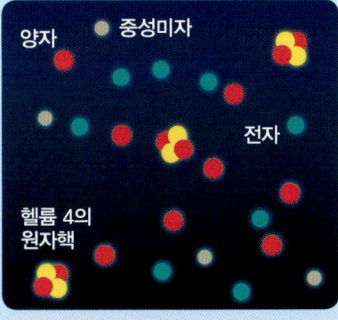

양자 · 중성미자 · 전자 · 헬륨 4의 원자핵

태양풍은 수소 원자를 만들던 양자와 전자를 성분으로 한 플라스마라는 전기를 띤 입자의 흐름입니다. 양자는 플러스, 전자는 마이너스의 전기를 띠지요. 태양풍에는 양자와 전자가 대부분이지만, 헬륨 원자의 원자핵(양자 2개와 중성자 2개로 플러스 전기를 띤 입자) 등도 포함되어 있습니다.

지구를 지키는 자기권

플레어가 일어나거나 대규모 CME가 일어나거나 하지 않아도 태양풍이 그대로 지구에 들이닥친다면 대규모 무선 장해 등의 문제가 발생하겠죠. 하지만, 지구 자기장이 주변을 에워싸 태양풍으로부터 지구를 지키고 있습니다.

용어집 *대기=지구 등의 행성이나 위성 주위를 둘러싸고 있는 기체.

가장 태양에 가까운 작은 행성

수성

수성, 왠지 살기 좋은 곳일 것 같은 이름인데…….

여기선 못 살아!

 와타나베 박사의 요점 설명!

태양과 가장 가까운 곳을 돌며, 태양계에서 가장 작고 가벼운 행성이 바로 수성입니다. 이름에 물이 붙어 있어서 왠지 시원할 것 같지만, 사실 전혀 그렇지가 않아요. 태양의 빛이 닿는 낮에는 약 430℃의 작열 지옥인데 밤이 되면 싹 달라져서 약 -160℃까지 온도가 내려가거든요! 그 차이가 무려 약 600℃나 된답니다. 태양계에서 가장 온도차가 심한 행성이죠.

공전과 자전

수성은 88일에 걸쳐 태양 주위를 한 바퀴 돌고 59일 동안에 1회 자전*합니다. 즉 태양 주위를 2회 *공전하는 사이에 3회 자전하는 셈이지요.

수성의 긴 하루

새벽부터 다음 새벽까지를 수성의 하루라고 한다면, 낮이 지구 시간으로 88일 이어진 후에 밤이 88일 이어지는 셈으로 수성의 하루는 176일이 됩니다.

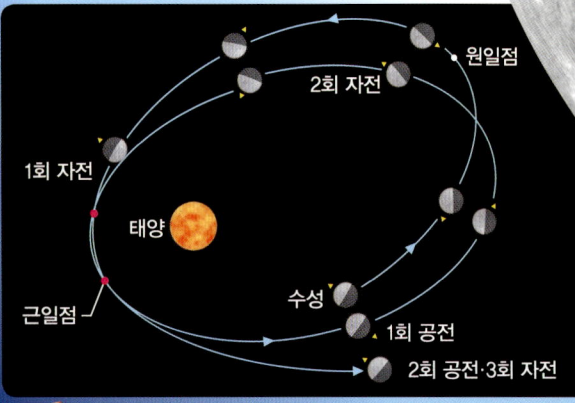

타원 궤도의 수수께끼

수성이 태양 주위를 공전하는 궤도는 원이 찌부러진 타원 형태를 하고 있습니다. 태양에 가장 근접한 근일점일 때 태양과의 거리는 4,600만 km, 가장 멀리 떨어진 원일점일 때는 6,980만 km로 행성 중에서도 가장 일그러진 궤도로 공전하고 있습니다.

용어집 *자전=천체가 그 자신의 무게중심을 지나는 회전축의 주위를 회전하는 운동. *공전=한 천체가 다른 천체 주위를 일정한 주기로 도는 운동. *궤도=물체가 운동하는 일정한 길.

수성의 탐사선

마리너 10호(Mariner 10)
1973년에 발사된 NASA(미국항공우주국)의 탐사선입니다. 1974~1975년에 수성에 3회 접근하여 탐사했습니다. 수성과 금성, 이 두 개의 행성을 탐사한 것은 '마리너 10호'가 처음입니다.

칼로리스 분지

칼로리스 분지(Caloris basin)는 수성 최대의 크레이터*입니다(사진의 노란색으로 되어 있는 부분). 직경은 1,300km이며 수성 직경의 4분의 1 이상입니다. 이 지형은 38억 년 전에 발생한 거대한 운석의 충돌로 형성된 것으로 여겨지고 있습니다. 크레이터 내부의 지질은 주변보다 철분이 적다는 점이나 과거 화산의 화구였던 것으로 생각되는 지형을 탐사선 '메신저'가 발견했습니다.

기본 데이터
- 직경 ········ 4,880km (지구의 0.4배)
- 질량 ········ 지구의 18분의 1
- 자전주기 ········ 59일
- 공전주기 ··· 88일
- 태양에서의 거리 ··· 평균 5,791만 km (지구의 0.4배)

수성은 핵이 직경의 4분의 3이나 되는 행성입니다. 그 성분은 철과 니켈 등의 금속으로 이루어졌고, 그 외측은 암석질의 맨틀*, 그리고 표면은 지각*으로 뒤덮여 있습니다. 작은 수성에는 지구와 같은 자기장*은 없는 것으로 생각되었는데, 탐사선 '마리너 10호'가 약한 자기장을 발견했습니다. 수성의 자기장이 생성되는 구조는 지금도 완전히 밝혀지지는 않았습니다.

메신저(MESSENGER)
수성을 탐사한 NASA의 두 번째 탐사선입니다. 2004년에 발사되어 2011년에 수성 주위를 도는 궤도에 진입, 관측을 실시하고 있습니다.

얼음이 있다!
남극의 영구 음영

수성의 크레이터에는 태양의 빛이 전혀 닿지 않는 장소가 있습니다. 지구에서의 레이더 관측과 탐사선 '메신저'의 탐사를 통해 남극 크레이터(사진 오른쪽)에는 얼음이 있는 것으로 생각되는 장소도 발견되었습니다.

베피콜롬보(BepiColombo)
일본이 ESA(유럽우주기구)와 함께 진행하고 있는 수성 탐사 계획입니다. 탐사선은 2018년 10월에 발사되었습니다. 수성의 자기장이 생성되는 구조와 내부 구조 등을 밝히는 것이 목적입니다.

 *크레이터=천체에서 볼 수 있는 화산의 화구와 같이 둥글게 움푹 파인 장소. *맨틀=행성이나 위성 등에서 핵의 외측에 있는 층.
*지각=천체의 고체 부분의 표층부. *자기장=자력이 작용하는 공간.

지구와 거의 같은 크기의 행성
금성

 와타나베 박사의 요점 설명!

태양계에서 가장 밝게 보이는 행성이 금성입니다. 지구보다 태양에 가까우며, 금성 전체를 뒤덮은 두꺼운 구름이 태양에서 오는 빛의 78%를 반사하기 때문이죠. 지구에서도 저녁에 '태백성(개밥바라기별)', 새벽에 '계명성(샛별)'으로써 반짝이는 금성을 볼 수 있습니다. 크기, 질량*, 내부 구조도 지구와 비슷한데 전혀 다른 환경을 가진 행성입니다!

자전 방향이 반대?

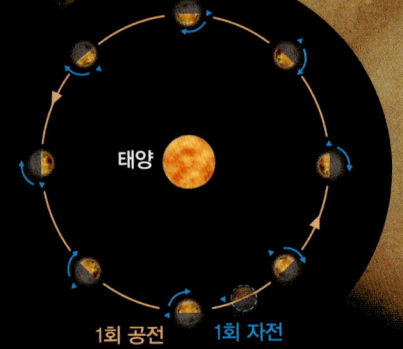

금성은 243일에 걸쳐 천천히 자전*합니다. 태양계 행성 중 금성만이 반대 방향으로 자전하기 때문에 금성에서는 태양이 서쪽에서 뜨고 동쪽에서 집니다. 태양 주위를 1회전 하는 공전주기*는 225일로 자전주기보다 짧습니다.

구름에 감싸여 바람이 휘몰아치는 별

금성은 매우 두꺼운 구름에 뒤덮여 있어 지구에서는 지표가 어떤 상태인지 볼 수 없습니다. 게다가 초속 100m나 되는 초고속 바람 '슈퍼 로테이션'이 불고 있습니다. 불과 4일 동안에 금성을 한 바퀴 돌 정도의 강한 바람이 왜 부는지에 대해서는 지금도 밝혀지지 않았습니다.

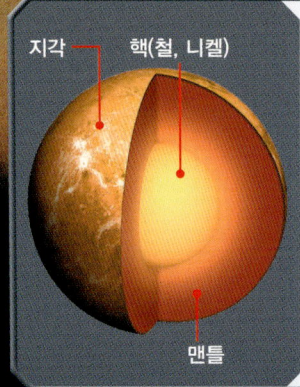

기본 데이터

직경	1만 2,104km (지구의 0.95배)
질량	지구의 0.8배
자전주기	243일
공전주기	225일
태양에서의 거리	평균 1억 820만 km (지구의 0.7배)

중심에서부터 철이나 니켈 등의 금속 핵, 암석질의 맨틀, 그리고 지각*으로 이루어져 있고, 크기나 질량, 구조는 지구와 매우 비슷한 지구형 행성입니다. 하지만, 지구와 달리 금성에는 자기장*이 없고 원에 매우 가까운 궤도*를 돌고 있습니다.

 *질량=물체가 가지고 있는 물체 고유의 양. *자전=천체가 그 자신의 무게중심을 지나는 회전축의 주위를 회전하는 운동. *공전주기=한 천체가 다른 천체의 주위를 한 바퀴 도는 데 걸리는 시간. *지각=천체의 고체 부분의 표층부. *자기장=자력이 작용하는 공간. *궤도=물체가 운동하는 일정한 길.

금성의 탐사선들

비너스 익스프레스 (Venus Express)

2005년에 ESA(유럽우주기구)가 쏘아 올린 금성 탐사선입니다. 금성 주위를 돌면서 대기*의 움직임이나 그 구조, 구름이 형성되는 모습이나 자세한 성질을 탐사했습니다.

아카쓰키

2010년 5월에 일본이 쏘아 올린 금성 탐사선 '아카쓰키(새벽이라는 뜻)'는 엔진에 문제가 발생해 금성이 아니라 태양 주위를 도는 궤도에 들어가고 맙니다. 2015년 11월에 또다시 금성에 접근해 주회 궤도에 진입했습니다.

마젤란(Magellan)

1989년에 스페이스 셔틀에서 금성으로 날아간 NASA의 탐사선입니다. 레이더를 이용해 금성의 지표면 모습을 공개했습니다.

발광하는 금성

오른쪽 사진은 탐사선 '비너스 익스프레스'가 촬영했습니다. 파란색 부분은 금성의 대기가 발광하는 모습입니다. 금성의 대기에 포함된 산소 분자는 태양의 자외선*에 부서져 산소 원자가 됩니다. 이 산소 원자는 태양의 빛이 닿지 않는 밤에는 원자 두 개가 서로 달라붙어 분자로 되돌아갑니다. 그때 이 사진에서 보는 바와 같이 발광하는 것입니다.

금성과 지구의 비슷한 점, 다른 점

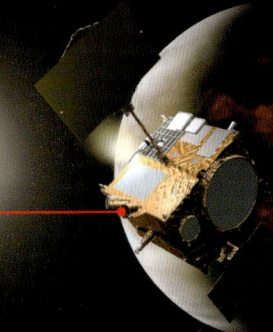

지구와 금성은 크기와 무게, 내부 구조가 매우 비슷해서 쌍둥이와 같은 행성이라고 말해집니다. 하지만, 자전 방향이나 속도 등은 전혀 다릅니다. 특히 큰 차이점은 대기의 성분입니다. 지구의 대기는 78%가 질소, 21%가 산소로 이산화탄소는 0.04%밖에 없습니다만, 금성의 대기는 96%가 기온을 상승시키는 효과가 높은 이산화탄소입니다. 그 때문에 기압이나 온도 등도 다릅니다.

금성의 대기

금성의 대기 중 96%가 이산화탄소입니다. 지표에서 약 45~70km 높이에 있는 농황산*의 구름이 금성 전체를 뒤덮고 있습니다. 금성에 닿는 태양 에너지는 두꺼운 구름에 차단되어 지표에는 2% 밖에 도달하지 않습니다. 그래도 지표의 온도는 460℃에 이릅니다. 이것은 이산화탄소를 많이 포함한 짙은 대기가 열을 가두고 있기 때문인 것으로 여겨지고 있습니다.

황산 연무 — 100km
농황산 구름 — 50km
황산 연무 — 0km

*대기=지구 등의 행성이나 위성 주위를 둘러싸고 있는 기체.
*자외선=태양의 빛에 포함된 눈에 보이지 않는 광선. *농황산=강한 산성 물질로 인체에는 극독.

구름 아래 펼쳐진 대지
금성의 모습

마트몬즈(Maat Mons) 산
아프로디테 대륙(Aphrodite Terra)의 동쪽 끝에 있는 높이 8,000m의 화산입니다. 기슭에는 화구에서 흘러나온 용암이 수 백 킬로에 걸쳐 퍼져 있습니다. 금성에서는 지금도 화산 활동이 일어나고 있는 것으로 여겨지고 있습니다만, 아직 발견되지는 않았습니다. 이 화상은 탐사선 '마젤란'에 의한 데이터를 토대로 만든 것으로 실제보다 높이가 강조되어 있습니다.

와타나베 박사의 요점 설명!

금성의 표면은 3억~5억 년 정도 전에 형성되었습니다. 3억~5억 년 전이라고 하면 아주 오랜 옛날 같지만, 수성과 지구에 비하면 한참 젊다고 할 수 있지요. 표면이 용암으로 뒤덮여 있다는 점에서 화산 활동으로 인해 그 무렵까지 표면의 대부분이 교체된 것 같습니다. 현재 태양계에서 화산 활동이 발견된 것은 지구와 목성의 위성인 이오(56쪽), 두 개뿐입니다. 금성에서는 화산 활동이 끝난 것일까요? 아니면 아직 발견하지 못한 활화산이 있을까요?

착륙에 성공한 탐사선

구소련(현재의 러시아)은 1961년에 금성 탐사선 '베네라 1호'를 쏘아 올린 이래 1983년까지 16대의 탐사선을 금성으로 보냈습니다. 지표의 온도가 460℃라는 금성의 고온 고압의 대기에 저지당해 다수의 탐사선이 망가진 가운데 '베네라 7호'가 처음으로 착륙에 성공했습니다. 또, '베네라 13호'와 '베네라 14호'는 처음으로 지표의 컬러 사진을 촬영했습니다.

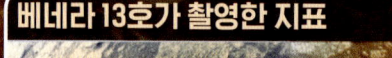
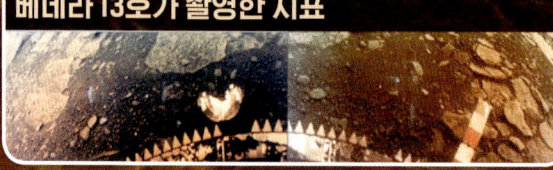
베네라 13호가 촬영한 지표

베네라 7호

금성의 지형

아프로디테 대륙 마트몬즈 산

동경 180도
금성 탐사선 '마젤란'이 레이더를 이용해서 작성한 지형도입니다. 파란 부분은 낮고 갈색 부분은 높은 토지로 대륙이라고 불립니다. 적도 부근의 동서로 펼쳐진 곳은 아프로디테 대륙이라고 불리는 금성 최대의 대륙입니다. 그리고 동쪽 끝에는 마트몬즈 산이 있습니다.

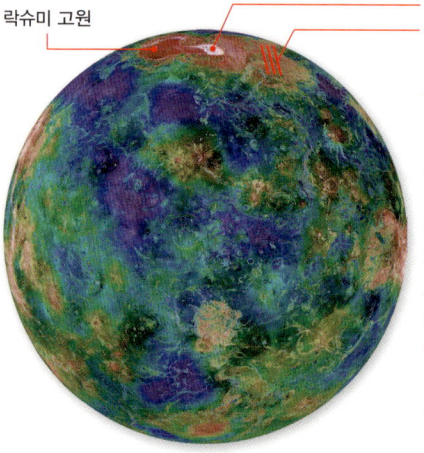
락슈미 고원 맥스웰 몬테스 산 이슈타르 대륙

동경 0도
북극에 보이는 것이 지구의 오스트레일리아 대륙과 같은 정도의 크기인 이슈타르 대륙입니다. 그 서부에는 높이 3,000~5,000m의 락슈미 고원이 있습니다. 붉게 보이는 것은 금성에서 가장 높은 맥스웰 몬테스 산으로 그 높이는 무려 1만 1,000m나 됩니다.

지구에서 보는 수성과 금성의 모습

와타나베 박사의 요점 설명!

지구의 내측을 공전하는 수성과 금성은 저녁 서쪽 하늘(태양보다 늦게 질 때)이나 새벽 동쪽 하늘(태양보다 먼저 떠오를 때) 중 어느 한쪽의 한정된 시간대에만 볼 수 있습니다. 태양 가까이를 도는 수성을 보는 것은 약간 어려울지 모르겠지만, 태양계에서 가장 밝은 금성은 저녁에 첫 번째 별로써 반짝이는 모습을 볼 수 있지요. 망원경을 사용하면 달처럼 차올랐다 이지러졌다 하는 모습을 알 수 있습니다.

금성의 일면통과

사진은 금성이 태양 앞을 통과하는 것처럼 보이는 '일면통과'라는 현상입니다. 보통은 태양의 북쪽이나 남쪽을 통과해서 보기가 어려운데, 금성이 마침 지구와 태양 사이에 정확하게 위치하면 금성의 음영이 태양 앞을 통과하는 모습을 볼 수 있지요. 8년 간격으로 2회 일어난 후 100년 이상의 간격이 벌어집니다.

수성의 일면통과

수성의 경우도 마찬가지로 수성이 태양과 지구 사이에 정확히 위치할 때 일면통과 현상이 일어나는데, 수성의 공전주기는 짧아서 100년 동안 십여 차례의 일면통과가 발생합니다.

달처럼 찼다 이지러졌다 하는 수성과 금성

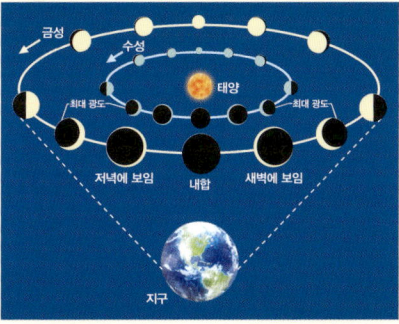

태양과 내행성의 이각(태양과 지구, 행성과의 각거리)이 최대일 때 행성의 절반은 이지러진 상태로 보이며, 지구와 가장 가까워지는 내합(내행성이 태양을 공전할 때 태양과 지구 사이에 일직선상으로 위치하는 점에 위치할 때를 말함)일 때는 아예 볼 수가 없는데, 망원경으로 보면 외형의 크기도 달라집니다. 또한, 최대 광도의 위치에 오면 가장 밝게 보이지요.

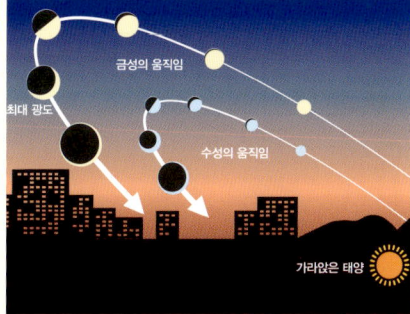

지구보다 내측을 공전하는 수성과 금성은 저녁이나 새벽에만 볼 수 있는데, 태양을 뒤쫓아 가라앉을 때와 태양보다 먼저 떠오를 때죠. 태양의 반대쪽에 있을 때와 태양 가까이에 있을 때는 볼 수 없습니다

하늘에 반짝이는 금성

위 사진의 흰색 반점이 금성의 움직임입니다. 금성은 약 9개월간 저녁 서쪽 하늘에서 보이다가 약 9개월간 새벽 동쪽 하늘에서 보입니다. 금성은 가장 조건이 좋을 때가 일몰 2시간 후, 또는 일출 2시간 전부터 볼 수 있습니다. 저녁에 태양이 진 후의 서쪽 하늘에서 매우 밝은 첫 번째 별을 발견했다면 아마 금성일지도 모릅니다.

좀처럼 보이지 않는 수성

수성은 태양과 매우 가깝기 때문에 태양과 지구와 수성을 연결했을 때 최대 각도가 28도밖에 안 됩니다. 수성을 볼 수 있는 시간대는 매우 짧습니다. 역시 금성과 마찬가지로 일몰 후의 서쪽 하늘 또는 일출 전 동쪽 하늘의 낮은 곳에서 보입니다.

기적의 행성
지구 ①

와타나베 박사의 요점 설명!

사진은 국제 우주정거장에서 촬영한 지구의 모습입니다. 도시의 불빛이 반짝이고 대기광과 오로라 현상이 나타나며 다양한 생명체가 사는 태양계 단 하나의 행성, 그것이 바로 지구죠. 태양에서 세 번째로 가까운 곳을 도는 행성으로 물이 풍부하며, 자기장*과 두께 수백 킬로미터의 옅은 대기*에 의해 보호받고 있습니다. 지구는 생물과 식물이 풍요롭게 살아갈 수 있는 행성입니다!

오로라
태양풍(20쪽)의 전기를 띤 플라스마 입자가 지구의 자기장에 포착되어 북극이나 남극의 상공에서 발광하는 현상을 오로라라고 합니다. 오로라는 낮은 곳에서는 80~100km, 높은 곳에서는 220~250km 거리에서 빛을 발하는 것으로 여겨지고 있습니다.

대기광
고도 약 90km보다 고층 부분에서 대기가 뿜어내는 옅은 빛을 대기광이라고 합니다. 태양광에 포함되는 자외선*에 의해 에너지를 얻은 대기가 밤에 빛을 내는 현상입니다.

도시의 빛
국제 우주정거장에서 밤의 지구를 내려다보면 사람이 사는 큰 마을에 휘황찬란하게 반짝이는 밝은 빛을 볼 수 있습니다.

푸른 바다
지구 표면의 약 70%가 바다로 뒤덮여 있습니다. 이 정도나 되는 대량의 액체(물)가 있는 것으로 알려진 행성은 태양계에서는 지구가 유일합니다. 다양한 생물이 사는 지구 환경에 바다의 역할은 매우 크지요.

다양한 생물
지구에는 다양한 생물이 살고 있습니다. 지구상의 생물의 종류는 아직 발견되지 않은 것도 포함하면 수백만 종류라고도 수천만 종류라고도 합니다.

용어집 *자기장=자력이 작용하는 공간. *대기=지구(행성) 주위를 둘러싸고 있는 기체. *자외선=태양의 빛에 포함되는 눈에 보이지 않는 광선.

기본 데이터

직경 ········ 1만 2,756km
자전주기 ········ 23시간 56분※
공전주기 ········ 365.26일

금속의 핵과 암석으로 이루어진 지구형 행성으로는 태양계에서 최대의 행성입니다.
※공전으로 태양의 각도가 바뀌므로 하루의 길이는 자전주기보다 4분 정도 길어집니다.

국제 우주정거장

국제 우주정거장(ISS)은 고도 약 400km의 우주 공간에 건설된 유인 실험 시설로 90분에 지구를 한 바퀴 돕니다. 일본은 실험동 '기보(희망이라는 뜻)'를 개발하여 실험을 하고 있습니다.

번개

번개가 발생하는 것은 고도 5km에서 10km 정도. 국제 우주정거장에서는 번개가 하얗게 발광하는 모습을 볼 수 있습니다.

스프라이트(Sprite)

고도 50~90km에서 발생하는 붉은색의 번개입니다. 이 색은 질소가 관련이 있다고 합니다. 장소에 따라 모양이 바뀌는 등 신기한 현상입니다.

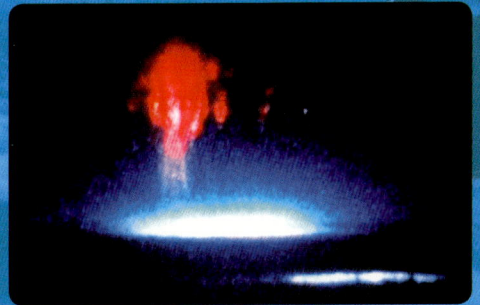

지구의 대기

500
ISS
400

열권

고도 80km 이상의 열권은 태양풍의 영향으로 약 1,000℃나 되는 고온층입니다. 고도 약 500km까지 퍼져 있습니다.

300

200
오로라

100

 레이저 가이드

중간권

이산화탄소가 열을 우주로 방출하므로 기온은 고도가 높아질수록 내려갑니다.

스프라이트
50

 관측용 기구

성층권

태양에서의 자외선을 흡수하는 오존층이 있기 때문에 대류권에서 떨어진 기온이 다시 상승합니다. 고도 50km 부근의 기온은 약 0℃입니다.

10

대류권

공기의 움직임이 활발하여 비나 구름 등 여러 가지 기상 현상이 발생합니다. 지구를 직경 1m의 공이라고 생각했을 때 대류권의 두께는 1mm 정도에 지나지 않습니다. 고도가 높아질수록 기온은 내려갑니다.

고도 (km) 0

풍요로운 숲

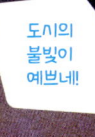

도시의 불빛이 예쁘네!

하지만 사용하지 않는 전기는 가능한 한 꺼야겠지.

생물 중에서도 식물은 광합성*에 의해 대기 중의 이산화탄소를 산소로 바꾸는 매우 중요한 역할을 합니다. 우리 인간을 포함한 동물의 대부분은 식물이 생성한 산소를 호흡하며 살아가고 있습니다.

용어집 *광합성=식물이 물, 빛(태양), 이산화탄소를 이용해 산소를 만들어내는 화학 반응을 말함.

대지와 대기가 움직인다!

지구 ②

 와타나베 박사의 요점 설명

지하 약 2,900km 깊이의 지구 내부에는 금속의 핵이 있습니다. 핵에서는 4,000℃ 이상의 고온에 녹은 금속이 빙글빙글 도는 대류 현상을 일으키면서 자기장을 발생시킵니다. 핵 주변에 있는 암석으로 형성된 맨틀은 화산을 분화시키거나 지진을 일으키는 등, 오랜 시간에 걸쳐 대륙을 이동시키지요. 또한, 태양 에너지는 대기*를 데워 바람을 일으키고 구름을 만들어 비를 내립니다. 이처럼 대지도 대기도 역동적으로 움직이는 그것이 바로 지구입니다.

대기의 움직임

대기는 따뜻해지면 가벼워져서 상승하고 차가운 쪽으로 흘러가 하강함으로써 순환이 생깁니다. 적도에 가까운 곳에서는 태양의 빛이 거의 바로 위에서 지면에 닿기 때문에 보다 효율적으로 대기가 데워집니다. 적도 부근과 양극의 온도차가 지구를 둘러싼 대기의 흐름을 탄생시키고 있는 것이지요.

지구 내부의 움직임

지구의 핵과 지각 사이의 맨틀*은 외핵에서 지각으로 열을 전하고, 지각과 상부 맨틀의 일부인 플레이트*를 움직입니다. 맨틀에 의해 움직여진 플레이트는 바다에서 냉각되어 대륙 밑으로 가라앉고 한층 맨틀 안으로 가라앉아 갑니다. 이 흐름을 플룸(Plume; 지구의 맨틀 심부에서 발생하는 것으로 여겨지는 마그마 상승류)이라고 부릅니다.

자기장

지구는 커다란 자석과 같습니다. 남극과 북극의 극지방에서 자력이 나오지요. 자력은 오른쪽 그림과 같이 원을 그리듯이 작용합니다. 그 자력이 작용하는 장소를 자기장이라고 합니다.

제트기류

중위도(대략 위도 20~50도) 지대의 페렐순환과 극순환, 해들리순환의 경계에는 서쪽 방향으로 물결치는 강한 대기의 흐름인 '제트기류'가 발생합니다.

극편동풍

무역풍

외핵

철이나 니켈 등이 녹은 금속으로 이루어져 있습니다. 내측에서 외측으로 움직이면서 열을 전달하고 식으면 다시 내측으로 가라앉는 대류로 자기장을 만들어냅니다.

지각

지표에서 30~70km 깊이까지 암석으로 이루어진 층입니다.

 용어집 *대기=지구 등의 행성이나 위성 주위를 둘러싸고 있는 기체. *맨틀=행성이나 위성 등에서 핵의 외측에 있는 층.
*플레이트=천체의 표면을 뒤덮은 암석을 말함.

위도 90도

위도 60도

편서풍

위도 30도

내핵
지구의 깊이 약 2,900km보다 깊은 부분이 핵인데 그 안에서도 중심의 5%가 내핵입니다. 핵은 금속이지만, 4,000℃ 이상이라는 고온에서도 녹지 않고 고체인 이유는 지표의 350만 배 이상이라고 하는 높은 압력 때문입니다.

적도

극순환(Polar circulation)
위도 60도 부근의 대기가 태양에 의해 데워져서 상승하고, 남극이나 북극 등의 극 부근에서 하강하여 다시 위도 60도 부근까지 되돌아가는 대기의 순환입니다. 극 지역에서 부는 바람(극편동풍)은 서쪽 방향이 됩니다.

페렐순환(Ferrel circulation)
위도 60도에서 발생한 상승기류가 위도 30도 부근에서 하강하는 순환이 일어납니다. 해들리순환과 극순환의 영향을 받기 때문이지요. 북극을 향해 동쪽 방향으로 바람(편서풍)이 불므로, 이 지대에 위치한 일본은 서쪽에서부터 날씨가 바뀌어 갑니다.

해들리순환(Hadley circulation)
적도 부근에서 데워진 대기가 상승하여 위도 30도 부근에서 적도 방향으로 흘러 들어가 대기의 순환이 발생합니다. 이때 서쪽 방향의 바람(무역풍)이 붑니다.

슈퍼 콜드 플룸
외핵을 향해 플레이트가 가라앉아 가는 커다란 흐름을 슈퍼 콜드 플룸(대규모의 차가운 플룸)이라고 합니다.

하부 맨틀
깊이 약 670km보다도 내측의 하부 맨틀은 높은 압력으로 감람암(peridotite, 橄欖岩)의 구조가 변화하고 있으며, 오랜 시간에 걸쳐 천천히 대류 활동이 이루어지고 있습니다.

상부 맨틀
맨틀 중에서 깊이 약 670km까지를 상부 맨틀이라고 합니다. 주로 감람암으로 이루어져 있으며, 상부 맨틀의 일부는 지각과 플레이트를 만들어냅니다.

슈퍼 핫 플룸
외핵 부근에서 지각까지 맨틀이 올라가는 커다란 흐름을 슈퍼 핫 플룸(대규모의 뜨거운 플룸)이라고 합니다.

자전과 공전의 비밀!

지구 ③

 와타나베 박사의 요점 설명!

태양은 매일 아침 동쪽에서 뜨고 저녁에 서쪽으로 집니다. 달도 별도 지구 둘레를 돌듯이 하루에 한 바퀴를 도는데, 이것은 지구가 자전을 하고 있기 때문에 일어나는 현상이지요. 이처럼 지구가 적당한 속도로 자전하는 것은 생명이 풍부한 지구의 환경에 중요한 역할을 담당합니다. 또한, 밤이 되면 떠오르는 별들이 계절마다 바뀌는 이유는 지구가 태양 주위를 공전하기 때문이며, 그리고 지구의 자전축이 살짝 기울어져 있는 덕분에 풍요로운 사계절이 나타나는 것입니다.

춘분
태양과 지구를 연결했을 때 자전축이 수직이 되면 낮과 밤의 길이가 같아집니다.

지구의 공전
지구는 태양 주위를 1년=약 365일에 걸쳐 한 바퀴 돕니다. 이것은 무려 시속 약 10만 km의 속도입니다. 시속 약 250km로 달리는 고속철도의 약 400배의 속도로 태양 둘레를 돌고 있는 셈이지요. 이런 속도로 회전하는데도 지구는 선로가 없는 우주에서 정확한 궤도*를 그리며 돌고 있습니다.

하지
북반구에서는 태양이 바로 위까지 떠올라 낮 시간이 1년 중 가장 길어집니다. 남반구에서는 반대로 동지가 됩니다.

여름은 덥고 겨울은 추운 이유
지구의 자전축이 23.4도 기울어져 있기 때문에 태양의 빛은 일 년을 통틀어 변화합니다. 하지일 때 태양은 가장 높이 떠오르므로 효율적으로 지면을 데우고, 반대로 동지일 때는 가장 낮으므로 지면을 그다지 데우지 못하지요. 여름은 덥고 겨울은 추운 이유는 바로 이 때문입니다. 실제로는 대기와 바다의 영향으로 계절 중 가장 더운 시기나 추운 시기는 한 달 이상 늦게 찾아옵니다.

같은 장소라도 태양에서의 각도가 바뀌므로 겨울에 비해서 여름이 훨씬 데워지기 쉽습니다.

용어집 *궤도=물체가 운동하는 일정한 길.

지구의 자전

지구는 하루=약 24시간 동안에 1회전 합니다. 회전함으로써 태양이 닿는 면과 닿지 않는 면이 생기고, 이것이 낮과 밤을 만들고 있는 것이지요. 지구의 자전 속도는 해마다 조금씩 느려지고 있으며 지구가 탄생한 46억 년 전에는 하루가 약 4시간이었는데, 10억 년 후에는 하루가 약 31시간이 될 것으로 예상되고 있습니다.

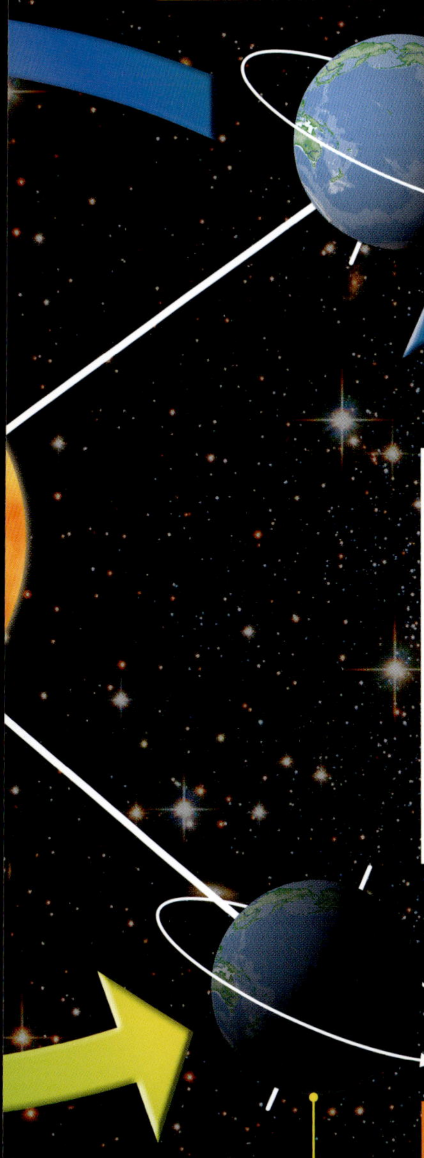

동지

하지와 반대로 북반구에서는 일 년 중 가장 태양이 낮게 떠서 밤도 길어집니다. 남반구에서는 하지가 됩니다.

추분

춘분과 마찬가지로 낮과 밤의 길이가 같아집니다. 태양과 지구를 연결한 선에 대해서 자전축이 수직이 되기 때문이죠.

우주와 인간

천동설과 지동설

지구를 중심으로 우주가 움직인다는 '천동설'

클라우디오스 프톨레마이오스
(2세기경)

고대 그리스에서는 지구가 우주의 중심이고, 태양이나 달, 행성, 별 모두 완전한 원을 그리며 지구 둘레를 돌고 있다고 많은 사람이 생각했습니다. 이것을 천동설이라고 합니다. 하지만 행성의 복잡한 움직임을 설명하지 못했지요. 프톨레마이오스는 행성의 움직임을 상당히 정확하게 설명할 수 있는 설을 제창했습니다. 그 내용은 행성은 단순한 원 궤도가 아니라 원 궤도에 중심이 있고 일 년 동안 한 바퀴 회전하는 작은 원(주전원)을 따라 움직인다는 것입니다. 관측 결과에 맞지 않으면 주전원을 늘리는 식으로 설명해서 1,400년 이상이나 이 주장이 옳은 것으로 여겨졌습니다.

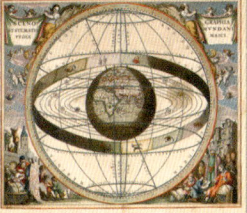

◀1660년경에 안드레아스 셀라리우스(Andreas Cellarius)가 그린 천동설 그림

지구가 태양의 둘레를 움직인다는 '지동설'

프톨레마이오스의 천동설은 행성의 움직임에 대해서는 설명이 가능했지만, 수성이나 금성이 태양에서 정해진 각도보다 멀어지지 않는 이유 등은 설명하지 못했습니다. 16세기가 되자 고대 학문을 재검토한 코페르니쿠스가 태양을 중심으로 지구나 그 밖의 행성이 태양 둘레를 돈다고 하는 가설을 주장합니다. 현재의 지동설이지요. 국가를 지배했던 크리스트 교회는 성서의 가르침에 따라 천동설을 지지했습니다. 직접 만든 망원경을 이용한 관찰을 통해 지동설이 옳다고 제창한 갈릴레오 갈릴레이는 17세기 초에 종교재판에 회부되어 유죄가 됩니다. 하지만 세상 사람들은 조금씩 지동설이 옳다는 사실을 깨달아 가게 됩니다.

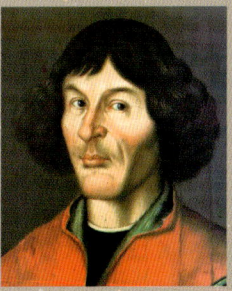

니콜라우스 코페르니쿠스
(1473~1543)

갈릴레오 갈릴레이
(1564~1642)

▲1731년에 그려진 지동설 그림

33

그것은 운명의 만남……
지구와 달의 탄생

지구와 달의 탄생

와타나베 박사의 요점 설명!

달은 지구의 4분의 1 크기이며, 지구에 대한 크기의 비율을 생각하면 위성으로써는 매우 큽니다. 달이 어떻게 탄생했는지는 아직 분명히 밝혀지지 않았지만, 가장 유력한 설로는 원시 지구*에 화성 크기의 원시 행성*이 충돌하여 생겼다고 하는 '자이언트 임팩트' 설이 있습니다.

용어집 *원시 지구=약 46억 년 전에 갓 태어난 지구. *원시 행성=미행성이 충돌해서 생긴 달 정도 크기의 행성이 되기 전 천체.

자이언트 임팩트 설

46억 년 전, 먼지가 달라붙어서 생긴 직경 수 킬로미터 크기의 미행성*이나 원시 행성이 충돌과 합체를 반복하면서 지구는 커지게 되었습니다. 그리고 화성 정도 크기의 원시 행성과의 충돌로 달이 생겼다고 하는 것이 자이언트 임팩트 설입니다.

원시 지구에 화성 정도 크기의 천체가 충돌하면서 지구의 맨틀*과 함께 산산이 흩어집니다.

중심을 벗어난 충돌로 인해 대량으로 흩어진 파편이 지구 둘레를 돌면서 원반을 형성합니다.

원반 안에서 회전하다가 식어서 암석 조각이 되고 서로가 달라붙어 급속하게 커져 갑니다.

특히 더 커진 것이 주변 암석 조각을 흡수하여 마지막에는 달 하나만이 생겨나게 됩니다.

산산조각 날 것 같아.

우와! 굉장한 충돌이네~.

용어집 *미행성=직경 수 킬로미터 크기의 천체. *맨틀=행성이나 위성 등에서 핵의 외측에 있는 층.

왜 달은 울퉁불퉁한 걸까?

달

와타나베 박사의 요점 설명!

달에 토끼가 산다고 하는 이야기를 들은 적이 있지요. 예부터 전해오는 이야기이지만, 이런 얘기가 전해지게 된 것은 달 표면에 토끼와 같은 모양이 있기 때문입니다. 사실 이 모양의 정체는 달 중심에서 뿜어낸 마그마로 형성된 평평한 바다입니다. 또, 달에는 많은 운석이 부딪혀 크레이터*가 형성되어 있습니다. 지구에서 가장 가까운 천체인 달은 예전부터 끊임없이 우리의 흥미를 돋우어 왔습니다. 여기서는 달의 앞면과 뒷면, 구조에 대해서 소개하겠습니다.

가구야

JAXA(일본 우주항공연구개발기구)의 달 주회 위성입니다. 달 둘레를 돌면서 달에 관한 지형과 원소* 등 다양한 정보를 모아 달의 정확한 지형도를 작성했습니다. 일본 옛날이야기 속에 등장하는 '가구야 공주'의 이름을 따서 가구야(정식 명칭은 '셀레네(SELENE)')라는 이름이 붙여졌습니다.

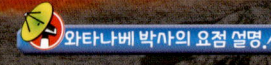

기본 데이터

- 직경 ········ 3,500km (지구의 0.25배)
- 질량 ········ 지구의 0.01배
- 자전주기 ········ 27.3일
- 공전주기 ········ 27.3일
- 지구에서의 거리 ··· 평균 38만 km

표면에 있는 원소로는 철, 토륨 등이 발견되고 있습니다만, 장소에 따라서 차이가 있으며 사실 달 내부는 아직 잘 알려지지 않았습니다.

용어집 *크레이터=천체에서 볼 수 있는 화산의 화구와 같이 둥글게 움푹 파인 장소. *원소=물질을 이루는 기본 성분.

태고의 달

지구에 화성 정도 크기의 천체가 충돌하면서 생긴 파편들이 서로 달라붙어서 형성된 것이 달이라고 여겨지고 있습니다(자이언트 임팩트 설). 그 무렵의 달은 아직 열이 다 식지 않아서 마그마 바다가 표면에 있었다고 합니다. 이 일러스트는 그 마그마 바다에 잇달아 운석이 충돌하고 있는 모습을 그린 것입니다.

달의 두 얼굴

달은 항상 지구에 같은 면을 보이며 지구 둘레를 공전합니다. 달의 자전*과 공전* 주기가 같기 때문입니다. 지구를 향하고 있는 면을 달의 앞면, 그 반대를 달의 뒷면이라고 합니다.

앞면 표면에 울퉁불퉁한 부분이 적고 완만한 부분이 많은 것이 특징입니다. 이 부분은 달의 바다라고 불리고 있습니다. 이것은 대지에서 뿜어낸 마그마가 고여 있는 장소입니다. 이 부분이 우리에게는 토끼가 떡방아를 찧고 있는 것처럼 보이는 것이지요.

뒷면 달 뒷면은 많은 크레이터가 있어 매우 울퉁불퉁한 지형을 이룹니다. 바다가 별로 없는 이유는 앞면에 비해서 표면이 두껍고 용암이 흘러나오지 않았기 때문이라고 하는데, '가구야'에 의해 모스크바의 바다가 25억 년 정도 전에 만들어졌다는 사실이 밝혀졌습니다. 달이 형성된 46억 년 전부터 대략 20억 년에 걸쳐 대지의 활동이 있었던 것이지요.

달에 얼음이 있었다?

섀클턴 크레이터

달의 남극 가까이에 있는 섀클턴 크레이터(Shackleton crater)에 태양의 빛이 전혀 닿지 않는 영구 음영이 있습니다. 그곳에 NASA의 관측 위성 루나 리커니슨스 오비터(Lunar Reconnaissance Orbiter)가 레이저를 조사하여 관측한 결과 얼음에 뒤덮인 부분이 있다는 사실이 밝혀졌습니다.

루나 리커니슨스 오비터

용어집 *자전=천체가 그 자신의 무게중심을 지나는 회전축의 주위를 회전하는 운동. *공전=한 천체가 다른 천체 주위를 일정한 주기로 도는 운동.

수많은 전설의 땅
달에 도전하다

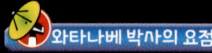 와타나베 박사의 요점 설명

아주 오래전 사람들은 달을 보고 여러 가지 생각을 했습니다. 예를 들면 '가구야 공주' '늑대 남자' 등, 달에 관한 전설이나 옛날이야기는 셀 수 없을 정도로 많지요. 그리고 1969년 7월 20일 처음으로 인류는 그 땅을 밟습니다. 이때 우주 비행사를 싣고 달에 착륙했던 것이 아폴로 11호입니다. 인류가 처음으로 유인 우주 비행에 성공한 이래 8년 후의 일이었지요.

지구돋이
달에서 지구를 촬영한 사진입니다. 마치 지구가 달의 수평선에서 떠오르는 것처럼 보인다는 점에서 '지구돋이(Earthrise)'라는 이름이 붙었습니다. 실제로는 달에서 보는 지구는 거의 같은 장소에 있어서 나왔다 들어갔다 하는 일은 없습니다.

인류, 달에 가다!
아폴로 계획
NASA에 의해 1961년부터 1972년에 걸쳐 실시된 유인 달 착륙을 목표로 했던 우주 비행 계획입니다. 아폴로 우주선은 1호에서 17호까지 있으며 최초로 달에 착륙한 것이 아폴로 11호였습니다.

작업 중인 우주 비행사
아폴로 11호의 승선원 버즈 올드린. 닐 암스트롱에 이어서 달에 착륙한 두 번째 사람입니다. 달의 중력은 지구의 6분의 1이므로 무거운 우주복을 입어도 높이 점프할 수 있습니다.

아폴로 11호

아폴로 11호는 달 착륙을 위한 우주선입니다. 달 상공에서 ③과 ④를 분리하여 그 상태로 대기하다가 달에서 돌아온 ③을 회수해 지구에 돌입하기 전에 ②를 분리합니다.

©Apollo Maniacs

1 사령선　2 기계선

원추형의 선단 부분이 사령선으로 우주 비행사들이 지구에 귀환할 때 사용하는 파라슈트 등이 적재되어 있습니다. 중앙의 통 부분으로 된 기계선에는 연료 등이 적재되어 있습니다.

3 달착륙선

달에 착륙한 후 달 궤도로 돌아오기까지 우주 비행사가 탑승하는 비행선입니다. 착륙용 도구와 레이더 안테나, 엔진 등을 장착한 상태에서 두 명의 우주 비행사가 4~5일 체류할 수 있습니다.

4 월면차

달착륙선에 탑재된 차량으로 사람이 달 표면을 이동할 때 이용합니다. 총길이가 3m로 우주 비행사 두 명과 실험 장치 등, 총 517kg을 실을 수 있으며 최고속도는 시속 16km입니다.

우주와 인간
• 인류 최초의 문 워크! •

닐 암스트롱은 아폴로 11호의 선장이며 세 명의 승조원 중 최초로 달에 착륙했습니다. 인류가 지구 이외의 천체에 처음으로 착륙한 역사적 순간, 그는 "이것은 한 사람의 인간에게는 작은 한 걸음이지만, 인류에게는 위대한 비약이다"라고 말했습니다.

닐 암스트롱
(1930-2012)

위대한 발자국

형태를 알 수 있는 이유는?

달의 공전과 자전

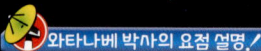 **와타나베 박사의 요점 설명!**

매일 조금씩 형태가 바뀌는 달을 신기하게 생각했던 적이 있을 텐데, 이것은 달의 형태가 정말로 바뀌는 것이 아니라, 지구에 대해 달의 위치가 조금씩 바뀌는 것으로 태양에서 오는 빛으로 인해서 달의 모습이 달라 보이는 것입니다. 예전에는 달이 차오르고 이지러지고 하는 것에 따라 달력을 정했던 지역도 있으며, 달의 주기에 따라 신비하다고 할 만한 다양한 변화도 일어납니다. 그중 하나가 기조력(起潮力)으로 인해 일어나는 조수간만 현상입니다.

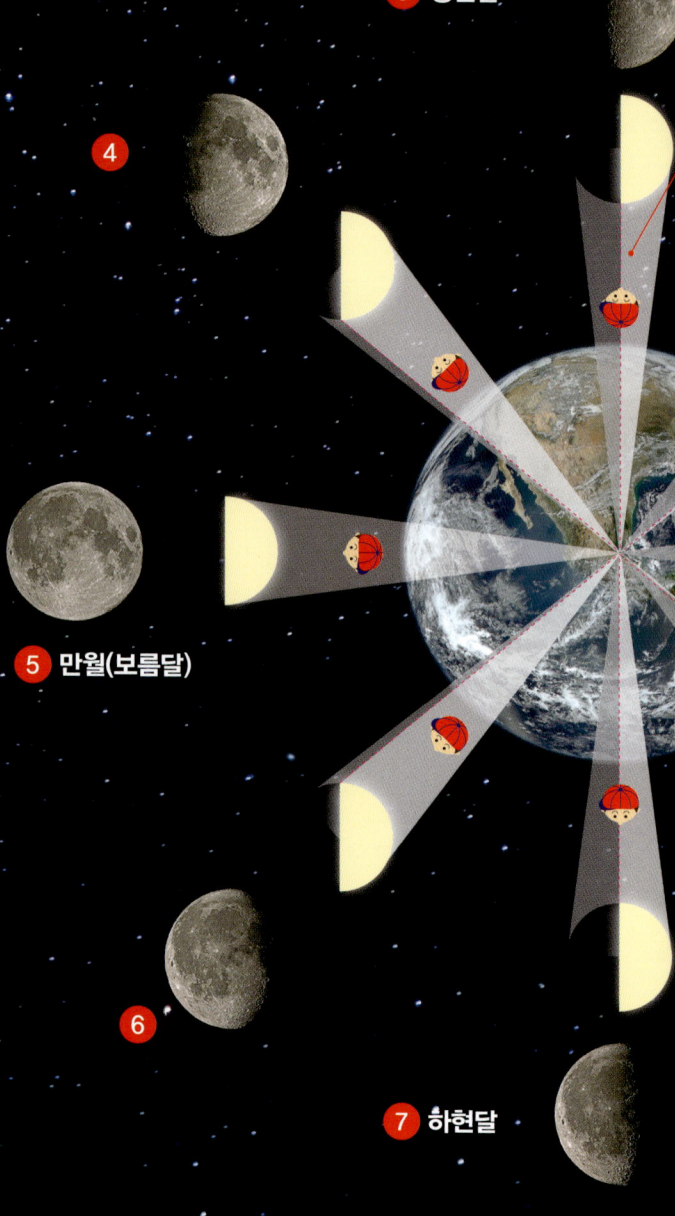

달의 차오름과 이지러짐

지구와 마찬가지로 달도 태양에 항상 절반만 비취지고 있습니다. 그런데 지구 둘레를 공전하고 있어서 지구에서 관찰하면 비취지는 부분의 모습이 바뀌어 갑니다. 이것이 달의 차오름과 이지러짐입니다. ①과 같이 지구와 태양 사이에 달이 위치하면 달이 태양에 조사되는 부분은 지구에서 보면 반대쪽이 되므로 전혀 보이지 않습니다. 이것을 신월(삭)이라고 부릅니다. 한편, ⑤와 같이 달이 지구를 끼고 태양과는 반대쪽에 위치하면 비취지지 않는 부분이 전부 지구를 향하므로 달이 둥글게 보입니다. 이것이 만월(보름달)입니다. 오른쪽 그림과 같이 지구와 태양의 위치에 대해 달이 어디에 위치하느냐에 따라 달의 형태가 다르게 보이는 것입니다.

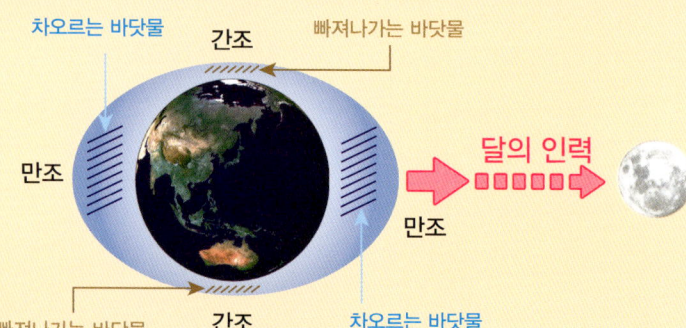

조수의 간만이 일어나는 이유

지구의 바다에 물이 찼다 빠졌다 하는 이유는 기조력이라는 힘이 작용하기 때문입니다. 기조력은 태양의 인력이나 지구의 자전에 의한 원심력 등, 다양한 힘이 합쳐진 것입니다. 그중에서도 큰 것이 달의 인력입니다. 달의 인력에 의해 끌어당겨진 바닷물이 차오르는 것이 만조입니다. 이때 지구 자체도 달에 끌어당겨짐으로써 원심력이 작용하여 지구 반대쪽 바닷물도 차오르게 됩니다. 또한, 물이 빠진 것만큼 물이 적어지는 곳도 있는데 그 상태를 간조라고 부릅니다. 밀물과 썰물의 크기는 태양과 달의 위치 관계에 따라 달라집니다.

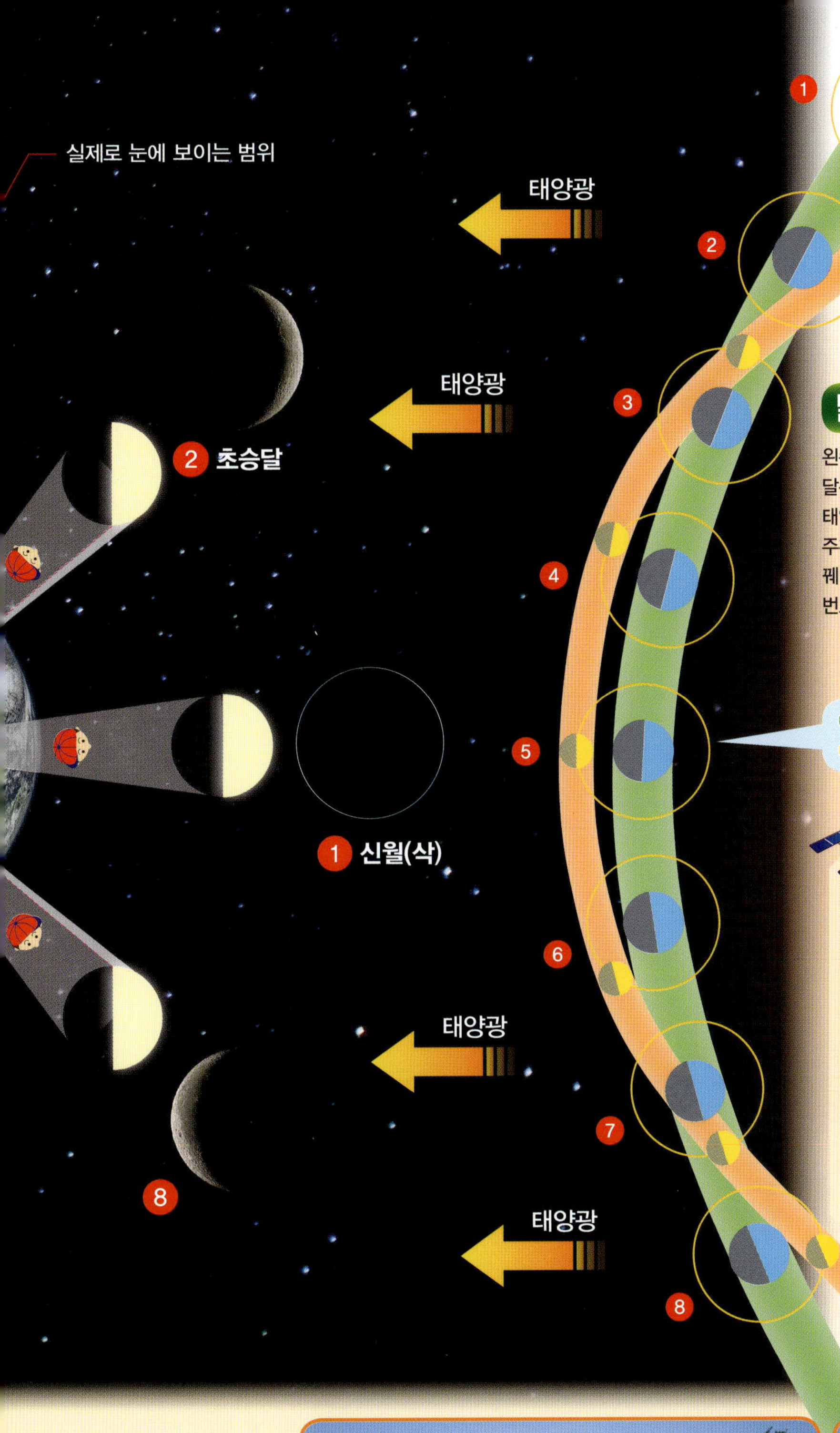
실제로 눈에 보이는 범위
태양광
태양광
태양광
태양광
2 초승달
1 신월(삭)
8
1
2
3
4
5
6
7
8
■ : 지구의 궤도 ■ : 달의 실제 궤도
■ : 지구에서 본 달 외관 궤도

달의 궤도

왼쪽 그림은 지구와 달의 공전궤도를 나타냅니다. 달은 지구 둘레를 공전하는데 동시에 지구와 함께 태양 둘레도 공전합니다. 다시 말해 실제로는 주황색으로 나타낸 궤도와 같이 지구의 공전궤도를 꿰매는 것 같은 궤도를 그립니다. 달 왼쪽에 있는 번호는 그때 보이는 달의 모습을 나타냅니다.

우 주 와 인 간

• 달은 왜 떨어지지 않나? •

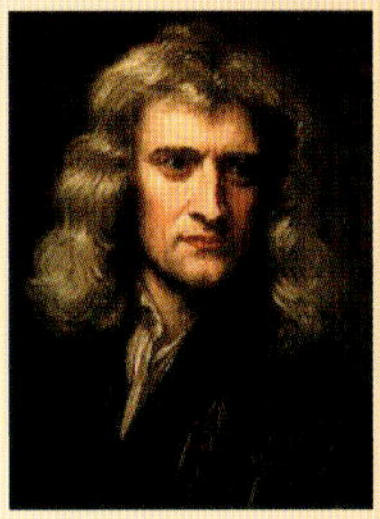

아이작 뉴턴
(1642~1727)

사과는 지면에 떨어지는데 달은 왜 지구에 떨어져 내리지 않을까요? 뉴턴은 모든 물체는 인력을 가지고 있다고 하는 만유인력의 법칙을 발견했습니다. 이 법칙에 따르면 사과와 지구에는 똑같이 인력이 작용하고 있지만, 사과가 가볍기 때문에 똑바로 떨어지는 것처럼 보이는 것입니다. 하지만, 달은 지구에서 멀리 떨어져 있고, 또 달은 지구 둘레를 빙글빙글 돌고 있으므로 지구가 아무리 당겨도 떨어지지 않는 것이지요.

만조와 간조

히로시마현에 있는 이쓰쿠시마 신사는 바다 위에 있는 신사로 유명합니다. 만조와 간조의 차이가 최대 4m나 되므로 오른쪽 사진과 같이 간조 때는 지면이 보이는 경우도 있습니다.

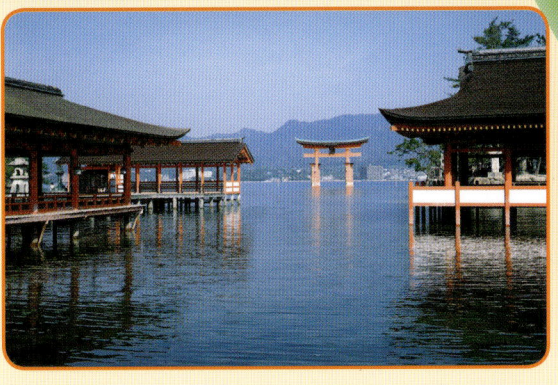

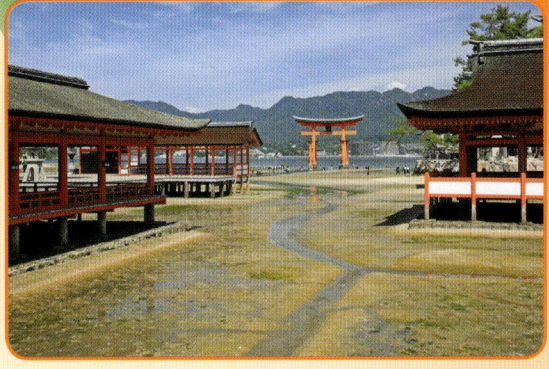

천체 현상의 왕
일식과 월식

개기일식
삐져나와 있는 빛은 태양의 코로나입니다. 지구 전체적으로는 1~2년에 한 번 볼 수 있는데, 일본에서는 수 십 년에 한 번밖에 볼 수 없습니다.

옛날 사람들은 정말 깜짝 놀랐을 거야.

태양이 사라졌어!

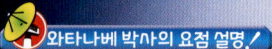
와타나베 박사의 요점 설명

지구와 태양 사이에 바로 달이 위치하면서 태양을 가리는 일이 있는데 이것이 바로 '일식'이라는 현상입니다. 그중에서도 달에 태양이 전부 가려지는 개기일식은 주변이 어두워지고 달에 가려서 검게 보이는 태양 주위에서 코로나*(17쪽)가 확산되는 현상으로 그 광경은 매우 아름답고 신비롭습니다. 한편, 만월(보름달)이 지구 그림자에 들어가면 '월식'이 일어납니다. 이 두 가지 모두 언제든 볼 수 있는 현상이 아니므로, 기회가 있다면 꼭 관찰해 보세요!

달의 그림자
일식이 일어날 때 지구에는 달의 그림자가 드리워지는데, 그림자가 드리워진 장소에서는 일식을 볼 수 있습니다.

달이 태양을 가리는 일식

태양 둘레를 도는 지구와 지구의 위성인 달이 일직선으로 나열되는 경우가 있습니다. 그러면 지구를 비치는 태양이 달에 의해 가려지고 말지요. 태양이 전체적으로 가려지는 현상을 '개기일식', 부분적으로 가려지는 현상을 '부분일식'이라고 합니다.

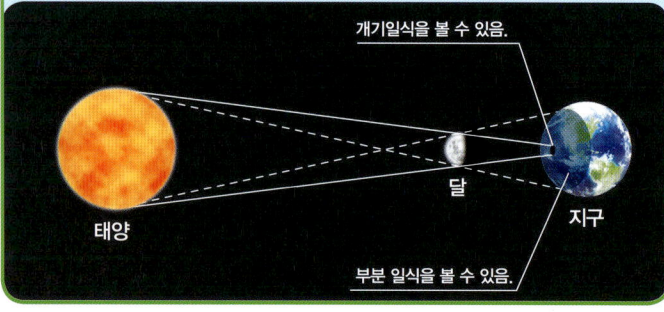
개기일식을 볼 수 있음.
태양 / 달 / 지구
부분 일식을 볼 수 있음.

우주와 인간
● 고대인과 일식 ●

일식과 관련한 전설이나 신화가 많이 남아 있습니다. 일식이 어떻게 해서 일어나는지 몰랐던 고대인에게 갑자기 세상이 어두워지고 태양이 검게 사라지는 개기일식은 놀랄만한 현상이었겠지요. 일본의 신화 『아마노이와토(天岩戸)』는 암굴에 숨어 버린 아마테라스오미카미(天照大神; 일본 신화에 등장하는 해의 여신)를 신들이 끌어내는 이야기로 개기일식을 나타내는 것으로 알려졌습니다.

암굴에 숨어 버렸던 아마테라스오미카미가 또다시 모습을 드러내어 세상에 빛이 돌아온다는 신화입니다.

고대 페르시아의 종교에서 숭상되었던 아후라 마즈다(Ahura Mazdah) 신의 조각. 원은 태양, 날개는 코로나를 나타내는 것으로 여겨지고 있습니다.

용어집 *코로나=태양 주위에 옅게 퍼져 있는 고온의 가스층.

여러 가지 일식의 모습

다이아몬드 링

태양이 완전하게 달에 가려질 때나 또다시 태양이 나타나는 그 순간에 보이는 태양의 빛이 마치 다이아몬드 반지처럼 빛이 납니다.

금환일

달과 지구의 거리가 항상 같지는 않습니다. 달이 멀리 있을 때는 작게 보이므로 일식일 때 달 주위에 태양이 삐져나와 금반지처럼 보이는 경우가 있는데, 이것이 '금환일식'입니다.

신기한 나뭇잎 사이로 비치는 햇빛

둥근 고리 모양의 나뭇잎 사이로 비치는 햇빛이 많이 보입니다. 서로 겹쳐진 잎과 잎이 만들어내는 작은 틈새가 일식의 빛을 비추어내는 것입니다.

달이 태양의 일부를 가리고 있다고는 해도 직접 태양을 쳐다보는 것은 매우 위험합니다. 일식을 볼 때는 반드시 전용 일식 안경을 사용하세요.

개기월식

만월이 지구의 그림자에 완전히 가려지면 개기월식이 됩니다. 그림자에 완전히 가려진다고 해도 태양광의 붉은빛이 지구의 대기*에 굴절되어 조금은 달에 닿는데 이때 달이 살짝 붉게 보입니다.

지구가 만드는 다이아몬드 링

오른쪽 사진은 달 탐사선 '가구야'(36쪽)가 촬영한 지구의 다이아몬드 링입니다. 월식일 때 달에서는 태양이 지구에 의해 가려져 일식이 일어나는 것이지요.

지구가 태양을 차단하는 월식

만월일 때 태양, 지구, 달이 일직선으로 나열되면 월식이 일어나는데, 달이 지구의 그림자 안을 통과할 때는 만월이 점점 이지러졌다가 다시 만월로 되돌아갑니다. 또한, 지구의 공전궤도*에 대해서 달의 궤도가 기울어져 있어서 월식은 만월이라고 해도 달이 지구의 공전궤도면과 가까운 곳에 있을 때만 일어납니다.

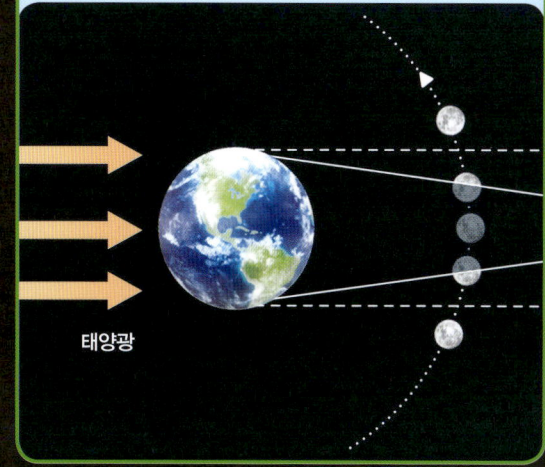

태양광

용어집 *대기=지구 등의 행성이나 위성 주위를 둘러싸고 있는 기체. *공전궤도=한 천체가 다른 천체의 주위를 주기적으로 도는 길.

황폐한 대지에는 무엇이 있을까?

화성

화성의 위성

데이모스 | **포보스**

화성의 적도에 서면 1일 1회 서쪽에서 고속으로 떠올라 동쪽으로 지는 포보스(Phobos)를 관측할 수 있습니다. 직경 30km도 되지 않는 포보스는 화성의 적도 상공 9,000km 부근을 공전*하며, 5,000만 년 후에는 화성에 낙하하거나 궤도*상에서 산산이 부서져 화성을 둘러싸는 고리(링)가 될지도 모릅니다. 포보스보다 작은 데이모스(Deimos)는 포보스보다 먼 곳을 공전하고 있어서 화성의 자전*에 의해 동쪽에서 서쪽으로 움직여 보입니다. 이 두 위성은 소행성대에서 날아온 소행성이 화성의 중력에 포착되어 위성이 된 것으로 여겨지고 있습니다.

매리너스 협곡

 와타나베 박사의 요점 설명!

지구와 많이 닮은 행성으로 수십억 년 전에는 강이나 바다도 있었다고 합니다. 고대부터 '붉은 별'로 알려진 화성의 붉기는 대지에 대량 포함된 산화철(붉은 녹)이 원인이지요. 그리고 자전축이 살짝 기울어져 있어서 지구와 마찬가지로 계절이 있습니다. 거대한 화산, 협곡*, 크레이터*, 양극의 얼음 극관* 등, 변화가 풍부한 지형에 흥미가 끊이질 않습니다. 과연 화성에 생물은 있는지, 이미 죽은 행성인지 수수께끼는 깊어져만 갑니다!

지각 | 맨틀

핵 (주로 철과 암석)

기본 데이터

직경	6,792km (지구의 0.5배)
질량	지구의 10분의 1
자전주기	24시간 37분
공전주기	687일
태양에서의 거리	평균 2억 2,794만 km (지구의 1.5배)

지구의 절반 정도의 크기로 질량은 10분의 1입니다. 중력도 약하고 지구에서 10kg인 물체가 4kg밖에 되지 않습니다. 화성의 표면은 마그마*가 쌓여서 형성된 암석으로 이루어져 있어 대부분의 장소에서 지표에서 수 미터까지 먼지가 쌓여 있습니다. 옅은 대기*가 있지만, 비가 내리는 일은 없습니다.

화성이 지구에 접근한다

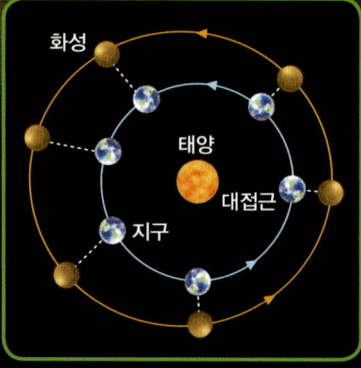

화성 | 태양 | 대접근 | 지구

지구는 화성보다도 태양에 가까운 곳을 화성보다 빨리 돌고 있으므로 화성을 추월하는 경우가 있습니다. 이때 지구와 화성의 거리가 가까워집니다. 이 접근은 약 2년 2개월마다 일어납니다. 또한, 지구와 화성의 궤도는 약간 찌그러진 원(타원)이기 때문에 15~17년마다 거리가 한층 가까워지는 '대접근'이 일어납니다.

 용어집 *공전=한 천체가 다른 천체 주위를 일정한 주기로 도는 운동. *궤도=물체가 운동하는 일정한 길. *자전=천체가 그 자신의 무게중심을 지나는 회전축의 주위를 회전하는 운동. *협곡=폭이 좁고 깊게 깎아지른 절벽으로 이루어진 계곡. *크레이터=천체에서 볼 수 있는 화산의 화구와 같이 둥글게 움푹 파인 장소. *극관=행성이나 위성의 북극이나 남극에서 볼 수 있는 얼음으로 뒤덮힌 지역. *마그마=지하에 있는 암석이 녹은 상태의 물질. *대기=지구 등의 행성이나 위성 주위를 둘러싸고 있는 기체.

과거 물이 존재했다

화성 탐사선은 과거에 강이 흐르던 흔적으로 생각되는 지형을 각지에서 발견하고 있는데, 뒤쪽 사진은 남반구에 있는 작은 뉴턴 크레이터로 사면은 지층*에서 물이 흘러나와 형성된 것으로 여겨지고 있습니다.

태양계에서 가장 크고 가장 깊은 계곡

매리너스 협곡

그랜드캐니언 (지구)

VS.

미국의 콜로라도 강이 수백만 년에 걸쳐 깎여서 생긴 지구 최대의 협곡 그랜드캐니언은 길이 446km, 깊이 1.6km, 폭은 최대 29km입니다. 화성의 매리너스 협곡과는 형성된 과정도 규모도 다릅니다.

화성의 적도 부근에 크게 벌어진 상처 자리처럼 보이는 지형입니다. 적도 주위 3분의 1에 해당하는 길이 2,000km 이상, 폭 약 200km, 깊이 7km의 초거대 협곡이지요. 지각*에 거대한 힘이 작용하여 단층이 생기고 대지가 갈라져서 후에 바람 등에 깎여 거대한 협곡이 된 것으로 여겨지고 있습니다.

매리너스 협곡과 그랜드캐니언의 비교

매리너스 협곡	그랜드캐니언
7km / 최대 200km	1.6km / 최대 29km

태양계 최대의 화산

올림포스 산

완만한 사면이 700km에 이르는 경사진 들판을 형성하고 있으며, 높이는 에베레스트의 3배에 가까운 2만 5,000m입니다. 지하의 플레이트가 이동하지 않기 때문에 화구가 움직이지 않고 여러 차례 분화하여 한 곳에서 거대화가 계속되었던 것입니다.

마우나케아 산 (지구)

VS

세계 각국의 망원경이 모여 있는 미국 하와이 마우나케아 산은 표고 4,205m의 화산입니다. 용암이 흘러나와 형성된 들판은 해저에까지 미치고 있으며 거기에서부터의 높이는 1만 203m에 달합니다. 만일 바다가 없어지면 웅대한 화산이 나타나겠지만, 올림포스 산에 대적하지는 못하겠죠.

올림포스 산과 마우나케아 산의 비교

올림포스 산 2만 5,000m / 마우나케아 산 1만 203m / 지구의 해면

*지층=긴 시간에 걸쳐 흙, 모래, 화산력(화산이 분출할 때에 터져 나오는 용암의 조각) 등이 쌓여 형성된 지면의 층. *지각=천체의 고체 부분의 표층부.

얼음과 대기가 만들어내는 화성의 표정
화성의 모습

와타나베 박사의 요점 설명!

대기* 중을 떠도는 먼지 때문에 화성의 하늘은 주황색을 띱니다. 대기의 주요 성분은 이산화탄소로 겨울이 되면 그것이 언 드라이아이스의 눈이 극지방에 내려 쌓이지요. 약간의 수증기를 포함한 건조한 기후로 겨울은 평균 -90℃, 여름은 0℃로 한난의 차이가 크며, 남반구는 북반구보다 기후의 차이가 더 커서 여름에는 30℃에 이르는 경우도 있습니다. 대기는 지구 대기의 1%의 밀도밖에 없음에도 불구하고 거대한 모래 폭풍 등 여러 가지 현상이 발견되고 있습니다.

화성을 물들이는 얼음

극관

극관*을 뒤덮는 드라이아이스 밑은 영구동토*로 대부분이 물의 얼음으로 이루어져 있습니다. 가령 이 얼음을 녹여 액체의 물로 만들면 화성의 전표면이 깊이 11m의 바다로 뒤덮여 버린다고 합니다.

화성의 봄
사진은 남쪽 극관을 위에서 촬영한 것입니다. 봄이 되면 태양의 열로 인해 남극관의 드라이아이스가 데워져서 기체가 됩니다. 검은 안개와 같은 것은 모래나 먼지가 섞인 이산화탄소 가스가 제트*로써 뿜어낸 흔적입니다.

서리가 내려 쌓인다
미국의 화성 탐사선 '바이킹 2호'가 처음으로 화성 대지에서 서리를 확인한 것은 1970년대 후반입니다. 그 후의 화성 탐사선도 옅은 이산화탄소와 물의 서리로 뒤덮인 지대가 겨울의 양극 지방에 있다는 것을 밝혀냈습니다. 그리고 2012년 드라이아이스가 눈이 되어 내려 쌓인 것을 확인했습니다.

용어집 *대기=지구 등의 행성이나 위성 주위를 둘러싸고 있는 기체. *극관=행성이나 위성의 북극이나 남극에서 볼 수 있는 얼음으로 뒤덮인 지역. *영구동토=오랫동안 얼어 있는 상태의 흙을 말함. *제트=증기나 액체, 기체 등이 좁은 구멍에서 고속으로 분출되는 상태.

화성을 뒤덮는 모래 폭풍

더스트 스톰(Dust Storm)

화성에서 일어나는 대부분의 모래 폭풍(더스트 스톰)은 남반구에 있는 거대한 헬라스 평원에서 시작됩니다. 몇 시간 만에 크게 발달하여 며칠 만에 화성 전체를 뒤덮고 말지요. 이 때문에 작은 망원경으로도 지구에서 관측할 수 있습니다.

맑을 때 / 모래 폭풍에 뒤덮였을 때

화성 탐사선 '마스 리커니슨스 오비터(Mars Reconnaissance Orbiter)'는 거대한 모래 폭풍을 촬영했습니다. 이 모래 폭풍은 종종 거대한 회오리바람이 됩니다.

화성을 돌아다니는 회오리바람

더스트 데빌(Dust Devil)

태양의 열로 화성의 표면 온도가 올라가면 지표에서 데워진 대기가 모래 먼지를 날려 작은 회오리바람을 일으킵니다. 지상 여기저기를 떠돌며 움직이는 모습은 그야말로 먹잇감을 찾아 뛰어다니는 '모래(더스트) 악마(데빌)' 같습니다.

더스트 데빌이 지나간 후에는 불가사의한 모양이 되어 화성 표면에 나타납니다.

푸른 저녁노을

화성의 대기 중에는 먼지가 많이 떠돌고 있습니다. 먼지가 붉은빛을 분산시켜 버릴 정도로 크면 푸른빛이 남아 눈에 들어옵니다. 이렇게 해서 화성의 저녁노을이 푸르게 보이는 것이지요.

푸른 저녁노을이라니 신비롭다!

화성의 얼음은 먹을 수 있을까?

지구의 사자(使者)들
화성과 탐사선

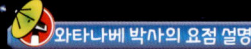
와타나베 박사의 요점 설명!

1960년대부터 미국, 구소련(현재의 러시아), 유럽 각국, 일본 등이 화성을 목표로 계획한 무인 탐사는 그 수가 40건을 넘습니다. 절반 이상은 실패로 끝났지만, 성공한 탐사를 통해 많은 발견이 있었지요. 하지만 여전히 많은 수수께끼가 남아 있어 앞으로도 탐사는 계속 진행됩니다. 그리고 2030년대에는 화성으로의 유인 비행이 실현될지도 모릅니다!

화성 둘레를 도는 탐사선
화성의 주회 궤도에 투입되는 탐사선은 화성 표면의 세세한 지형 데이터, 계절의 변화에 따른 지표의 변화, 화성의 위성 관측 등, 여러 가지 데이터를 화성 상공에서 수집합니다. 이렇게 해서 서서히 화성의 맨얼굴이 밝혀져 왔습니다.

• 바이킹 1호

• 마리너 2호
• 마리너 8호
• 마리너 4호

• 마스 옵저버

화성에 착륙하는 탐사선
화성에 착륙하는 탐사선은 지상을 돌아다닐 수 있으므로 사진 촬영은 물론이고 대기의 성분, 흙 샘플 채취, 물의 유무, 생명의 존재 가능성을 조사하는 등 여러 가지 임무를 맡고 있습니다.

오퍼튜니티가 촬영한 화성
2004년 화성 적도 바로 밑에 펼쳐진 메리디아니 평원에 착륙한 이후 예정 활동 기간의 10배 이상의 맹활약을 하고 있습니다. 자율 주행하며, 로봇 암으로 암석이나 흙을 채취할 수 있는데, 그 결과 과거에 물이 있었던 것 같다는 사실이 밝혀지게 되었습니다.

• 바이킹 랜더
• 오퍼튜니티

우주와 인간

착각에서 시작되었다? 화성 탐사선의 역사

1877년의 화성 대접근 당시에 여러 개의 검은 줄무늬를 관측한 이탈리아의 천문학자 조반니 스키아파렐리(Giovanni Schiaparelli)는 '카날리(canali)(이탈리아어로 수로라는 뜻)'로 명명하여 발표했습니다. 이것이 '카날(canal)(영어로 운하)'로 잘못 번역되어 화성인에 의한 인공물이라는 설이 전 세계로 퍼지게 되었습니다. 1938년에는 미국에서 라디오로 방송된 '화성인의 습격'이라는 프로그램이 대규모 패닉을 일으킬 정도였습니다. 관측에 의해 화성인의 존재가 부정된 것은 20세기 중반의 일입니다.

●마스 오디세이

●마스 글로벌 서베이어

●마스 익스프레스

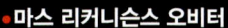
●마스 리커니슨스 오비터

●피닉스

●소저너

최신 탐사선이 화성을 찾아 왔다!

화성에 착륙하려고 하는 큐리오시티.

레이저로 암석 성분을 조사하는 큐리오시티.

화성에 착륙한 큐리오시티가 자신을 찍은 사진.

큐리오시티 2011년 11월 사상 최대, 최고액으로 지금까지 없었던 성능과 장비를 자랑하는 화상 탐사선 '큐리오시티'를 탑재한 로켓이 화성으로 출발. 2012년 8월 착륙에 성공했습니다. 화성에서 생명의 자취를 발견할 수 있을지 기대가 모아지고 있습니다.

태양계를 떠도는 작은 천체
소행성을 뒤쫓다

와타나베 박사의 요점 설명

소행성은 태양계가 탄생했을 때 충돌로 인해 산산조각으로 부서져 행성으로 커지지 못한 행성의 파편들입니다. 오래된 지층*에서 발견되는 화석이 지구의 과거를 가르쳐주는 것과 마찬가지로 소행성 탐사를 통해 46억 년 전에 태양계가 탄생한 수수께끼를 푸는 계기를 찾을 수 있습니다.

이토카와는 어떤 소행성?

이토카와(Itokawa)는 화성의 내측으로 들어오는 궤도*를 가지고 있는 크기 500m 정도의 소행성입니다. 일본의 탐사선 '하야부사'의 관측을 통해 내부의 40% 정도가 구멍이 난 자갈들이 모여 이루어진 것 같은 돌과 바위로 된 천체라는 사실을 알 수 있게 되었습니다.

우메라(Woomera) 사막
주변보다 약간 파여 있으며 '하야부사'의 캡슐 회수 지점인 호주의 사막 이름을 따서 명명되었습니다.

※ 위 사진은 실제로 하야부사가 촬영한 이토카와입니다.

하야부사(정식 명칭: Muses-C)의 여정

뮤쥬의 바다(Muses Sea)는 폭이 60m 밖에 안 되어서 착륙이 어려웠습니다. 게다가 지구로 돌아오는 길에 돌연 통신이 두절되거나 엔진이 고장 나는 등의 여러 가지 어려움이 있었습니다.

타깃 마커(소행성 터치다운용 인공 목표물)

'하야부사'가 찍어 놓은 이토카와에 착륙할 때의 표시물입니다. 직경 10cm 정도의 구체로 '하야부사'에서의 플래시에 의해 빛이 납니다.

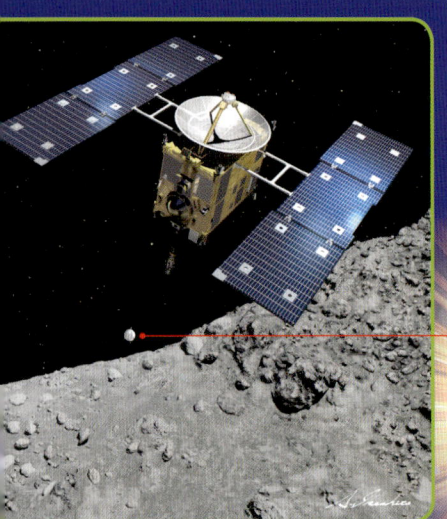

이토카와에 비친 것은 하야부사의 그림자

2005년 11월 20일 오전 4시 58분(일본 시간)에 촬영된 화상입니다. '하야부사'와 타깃 마커의 그림자가 확실하게 비치고 있습니다.

※ 위 사진은 실제로 하야부사가 촬영한 이토카와입니다.

레이저로 거리를 측정하여 착륙 준비

레이저로 이토카와와의 거리를 측정하면서 '하야부사'의 자세를 똑바르게 해서 하강합니다.

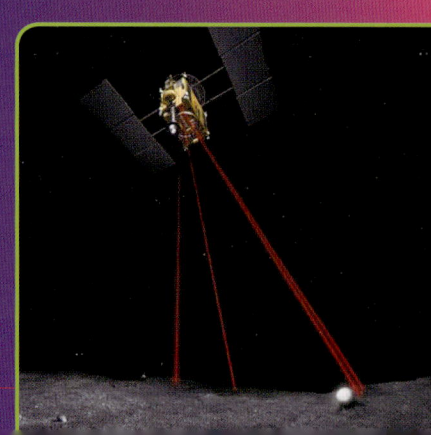

용어집
*지층 = 긴 시간에 걸쳐 흙, 모래, 화산력(화산이 분출할 때에 터져 나오는 용암의 조각) 등이 쌓여 형성된 지면의 층.
*궤도 = 물체가 운동하는 일정한 길.

하야부사 GO GO!

'하야부사 2호'도 계획 중이라네.

하야부사의 도전

'하야부사'는 2003년 5월 9일에 발사되어 2005년 11월 26일에 소행성 이토카와에서 물질을 채집하였습니다. 그 후 문제가 생겨서 예정보다 3년 늦은 2010년 6월 13일에 지구로 돌아와 시료가 들어가 있는 캡슐을 지상으로 운반했습니다. 소행성에서 물질을 가지고 돌아온 것은 세계 최초의 일입니다.

뮤쥬의 바다(Muses Sea)

이토카와 중앙부에 있는 매끄러운 장소가 '뮤쥬의 바다(Muses Sea)'입니다. '하야부사'는 이곳에 착륙하여 샘플을 채취했습니다.

하야부사의 귀환

지구 대기권에 재돌입한 '하야부사'의 모습입니다. 시료가 들어가 있는 캡슐은 돌입하기 전에 분리되었고 이토카와에서 채취한 물질은 무사히 지구에 전해졌습니다.

착륙&샘플링!

'하야부사'가 그때그때 자체적으로 판단하는 '자율 유도 항법'이라는 기능을 이용해 착륙합니다. 착륙과 동시에 탄환을 발사하여 그 충격으로 비산한 이토카와의 파편을 채취합니다.

캡슐

이토카와의 물질이 들어가 있는 캡슐은 호주에 착지했습니다.

하야부사가 찍은 지구

'하야부사'는 마지막으로 고향인 지구를 촬영했습니다.

천체가 하늘에서 떨어져 내린다!

운석과 크레이터

운석과 크레이터 ● 소행성대

 와타나베 박사의 요점 설명!

소행성 중 지구 근처를 지나는 것이 떨어져 내리는 경우가 있습니다. 지구에 떨어져 내리는 대부분의 천체는 작은 조각과 같은 것이므로 대기*와의 마찰로 인해 타버리는데 큰 것일 경우는 지표에 닿을 때까지 미처 다 타지 못하고 낙하합니다. 이때 남은 돌이 '운석'이고 충돌로 인해 형성된 커다란 구덩이가 '크레이터'입니다. 충돌하는 천체가 큰 것이면 그 충격 역시 처참할 정도로 커 하늘로 솟아 오른 먼지가 태양을 가리면서 지구 환경을 싹 바꿔놓는 경우도 있습니다.

공룡 멸종

약 6,500만 년 전 지구에 군림했던 공룡이 홀연히 모습을 감췄습니다. 그 원인 중 하나가 거대한 운석의 충돌로 인한 환경 변화라고 여겨지고 있습니다.

배린저 크레이터(Barringer crater) (미국)

미국 애리조나주에 있는 직경 1.2km, 깊이 170m 정도의 크레이터입니다. 약 5만 년 전에 형성된 것으로 주변에서 발견된 운석 조각을 통해 30만 톤이나 되는 철 운석이 충돌한 것으로 여겨지고 있습니다.

화성에서 온 운석

화성에 운석이 충돌하면서 화성의 돌이 우주 공간까지 감아올려지는 경우가 있습니다. 오랜 시간에 걸쳐 우주를 떠돌다가 지구로 온 것이 현재까지 40개 가까이 발견되었습니다. 그중에는 사진에서 보는 바와 같이 생물과 같은 것이 들어가 있는 운석도 있었습니다.

 우주와 인간

● 운철로 만들어진 일본도 ●

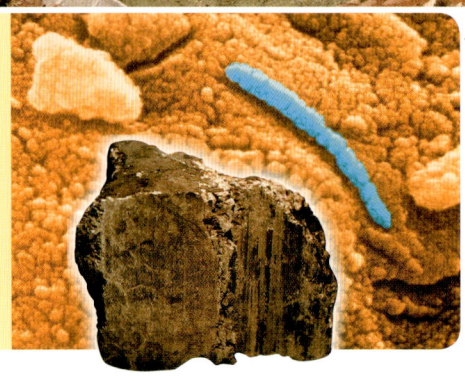

유성도

지구에 떨어진 운석에는 철을 포함한 것이 많아 '운철'이라고 불리며 세계 각지에서 사용되어 왔습니다. 일본에서는 메이지 시대에 도야마 현에서 발견된 운철로 만든 칼, 그 이름도 '유성도(流星刀)'가 5자루나 있습니다.

 용어집 *대기=지구 등의 행성이나 위성 주위를 둘러싸고 있는 기체.

소행성들의 낙원
소행성대

와타나베 박사의 요점 설명!

태양계에는 무수히 많은 소행성이 존재하며 발견된 것만 해도 수십만 개나 됩니다. 그중에서도 특히 많은 소행성이 화성과 목성 사이에서 발견되었는데 그것을 '소행성대'라고 부릅니다. 이름에서도 짐작할 수 있듯이 행성과 비교하면 매우 작지만, 새로이 발견할 경우 발견자는 이름을 제안할 수 있습니다. 2009년에는 놀랍게도 일본의 초중학생 두 명이 새로운 소행성을 발견했지요. 다음번에 새로이 발견하는 것은 여러분 중 누군가가 될지도 모르는 일이죠!

소행성대

소행성 중에는 궤도*가 금성보다 내측에 있는 것이 있습니다만, 대부분은 화성과 목성 사이에 집중적으로 존재하며 공전*하고 있습니다. 그 소행성이 많이 존재하는 영역을 '소행성대'라고 부릅니다.

여러 가지 소행성

가스프라(Gaspra)
소행성대 중에서도 내측인 화성에 가까운 궤도를 도는 직경 10~20km의 일그러진 형태를 한 소행성입니다.

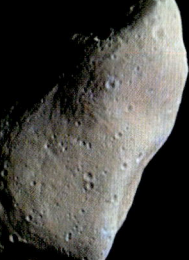

마틸데(Mathilde)
직경 53km 정도의 소행성입니다. 소행성의 평균적인 반경보다도 커다란 크레이터가 여러 개 있는 것이 특징입니다.

이다(Ida)
긴 방향으로 60km, 짧은 방향으로 20km 정도의 가늘고 긴 소행성입니다. 이다에는 '다크틸(Dactyl)'이라고 하는 위성이 있습니다.

베스타(Vesta)
네 번째로 발견된 직경 530km 정도의 커다란 소행성입니다. 구체에 가까운 그 형태에서 왜행성*(69쪽)이 될 가능성이 있습니다.

우주와 인간
소행성을 최초로 발견한 주세페 피아치

주세페 피아치 (1746~1826)

토성의 외측에서 천왕성이 발견되자 많은 사람이 화성과 목성 사이에도 아직 발견하지 못한 행성이 있지 않을까 하고 생각하게 됩니다. 이탈리아의 천문학자 주세페 피아치(Giuseppe Piazzi)는 1801년 1월 1일에 최초의 소행성 세레스(Ceres)를 발견했습니다. 그 후 1807년까지 다른 천문학자들에 의해 팔라스(Pallas), 주노(Juno), 베스타(Vesta)가 발견되었습니다만, 모두 행성이라 부르기에는 작아서 소행성이라고 불리게 되었습니다.

용어집 *궤도=물체가 운동하는 일정한 길. *공전=한 천체가 다른 천체 주위를 일정한 주기로 도는 운동.
*왜행성=행성처럼 크고 둥글지만, 공전궤도 가까이에도 같은 정도 크기의 천체가 있다.

태양계 최대의 행성

목성

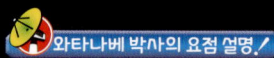
와타나베 박사의 요점 설명!

목성은 태양계에서 가장 큰 행성입니다. '태양이 되지 못한 별'이라고 불리기도 할 정도로 태양과 마찬가지로 거의 수소 가스로 이루어져 있는데, 질량*은 태양의 1,000분의 1밖에 안 됩니다. 지금의 80배의 질량이 있다면 태양계 제2의 태양으로써 연성*(108쪽)이 되었을 가능성이 있지만, 만일 그렇게 되었다면 지구는 현재와 같은 안정적인 행성이 아니라 생명도 탄생하지 못했을 수도 있습니다.

기본 데이터

- 직경 ········ 14만 2,984km (지구의 11배)
- 질량 ········ 지구의 318배
- 자전주기 ········ 9시간 56분
- 공전주기 ········ 11.9년
- 태양에서의 거리 ······ 평균 7억 7,830만 km (지구의 5.2배)

질량은 지구의 318배, 체적은 1,321배나 되지만, 대부분 수소(약 89%)와 헬륨(약 11%)으로 이루어져 있고, 밀도는 지구보다 작은 가스 행성입니다. 고속으로 자전*하고 있어 원심력으로 인해 적도 부근이 부풀면서 극 방향이 약간 찌그러져 있습니다.

액체 분자 수소 / 액체 금속 수소와 헬륨 / 핵(암석과 얼음)

용어집
*질량=물체가 가지고 있는 물체 고유의 양. *연성(쌍성)=서로의 인력으로 끌어당기며 회전하는 두 개 이상의 항성.
*자전=천체가 그 자신의 무게중심을 지나는 회전축의 주위를 회전하는 운동.

대적반
목성에서 눈에 띄는 것은 300년 이상 전에 발견된 남반구에 있는 거대한 눈알과 같은 대적반입니다. 지구가 2~3개 들어갈 만큼 큰 고기압성 폭풍으로 앞으로도 사라지지 않을 것으로 예측되고 있습니다.

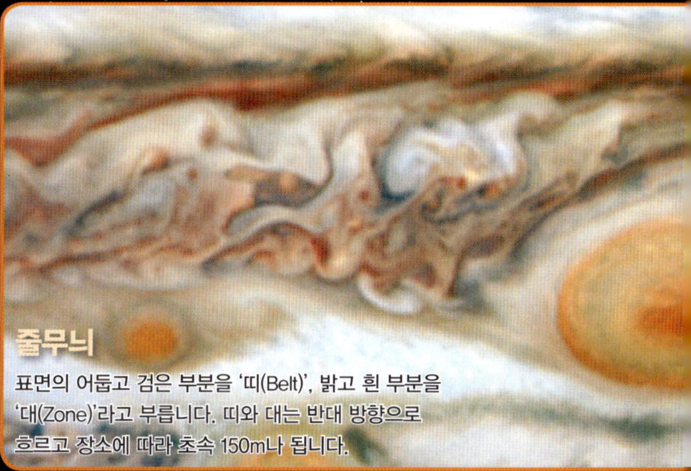

줄무늬
표면의 어둡고 검은 부분을 '띠(Belt)', 밝고 흰 부분을 '대(Zone)'라고 부릅니다. 띠와 대는 반대 방향으로 흐르고 장소에 따라 초속 150m나 됩니다.

목성의 고리

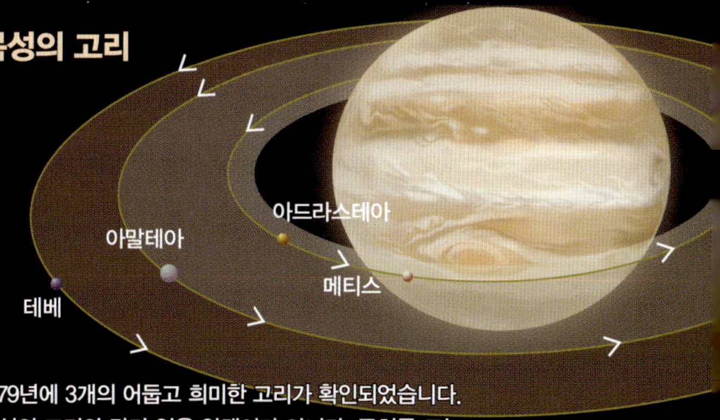

테베   아말테아   아드라스테아   메티스

1979년에 3개의 어둡고 희미한 고리가 확인되었습니다. 토성의 고리와 달리 얼음 알갱이가 아니라, 근처를 도는 아드라스테아(Adrastea), 테베(Thebe) 등 몇몇 위성에서 방출된 먼지가 흘러나와 생긴 것으로 여겨지고 있습니다.

슈메이커-레비 제9혜성의 충돌

1993년 3월 목성의 거대한 인력에 붙잡혀 분열해서 목성을 도는 혜성*(70쪽)이 발견되었습니다. 슈메이커-레비 제9혜성(Comet Shoemaker-Levy 9)입니다. 그리고 이듬해 7월 분열한 20개 이상의 파편이 목성에 충돌했습니다.

목성 내부는 어떤 상태일까?
목성의 대기* 안은 거대한 구름과 더불어 번개가 끊이질 않습니다. 지구의 번개보다 강력한 번개는 눈이 부실 정도의 빛을 뿜어냅니다.

용어집 *혜성=태양계를 지나는 궤도를 가진 천체로 가스와 먼지가 언 덩어리. *대기=지구 등의 행성이나 위성 주위를 둘러싸고 있는 기체.

갈릴레오의 4대 위성
목성의 위성들

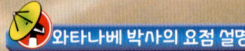 **와타나베 박사의 요점 설명!**

목성은 태양계 최대의 위성 수를 자랑합니다. 이름이 붙어 있는 위성이 50개, 임시 번호만 붙은 위성도 16개나 되지요. 대부분의 위성이 직경 10km에 못 미치는 크기이고 게다가 52개의 위성이 목성의 자전*방향과는 반대로 공전*하는 '역행 위성'인데, 그런 가운데 3,100~5,300km나 되는 행성 크기의 위성이 4개 있어 과학자들의 뜨거운 주목을 모으고 있습니다.

활화산이 뿜어내는 연기

필란 파테라

1998년 '갈릴레오 탐사선'은 이오(Io)의 화산 필란 파테라(Pillan Patera)가 거대한 연기를 뿜어내고 있는 것을 발견합니다. 연기는 상공 140km의 우주 공간에까지 도달하고 있었지요. 이오의 화산에서 연간 흘러나오는 용암의 양은 지구 화산의 100배나 됩니다.

필란 파테라의 이미지 그림

목성의 중력으로 이오의 지각* 내부에 뒤틀림이 생기면서 그 마찰열로 인해 50km의 깊이에 마그마*의 바다가 형성된 것으로 여겨지고 있습니다.

이오

1979년 NASA의 우주탐사선 '보이저 1호'에 의해 지구 이외에서 최초로 활화산이 관측된 천체입니다. 달보다는 조금 더 크며, 연기를 뿜어내는 화산이 여러 개 있습니다.

용어집
*자전=천체가 그 자신의 무게중심을 지나는 회전축의 주위를 회전하는 운동. *공전=한 천체가 다른 천체 주위를 일정한 주기로 도는 운동.
*지각=천체의 고체 부분의 표층부. *마그마=지하에 있는 암석이 녹은 상태의 물질.

우주와 인간

● 갈릴레오가 보았다! ●

갈릴레오 갈릴레이
(1564~1642)

1610년, 자신이 직접 만든 30배 배율의 망원경으로 목성 둘레를 도는 행성 크기의 천체를 발견했을 때 갈릴레오는 지동설*을 확신했습니다. 4개의 천체가 목성을 공전하는 모습은 그야말로 행성이 태양 둘레를 공전한다고 상상했던 모습과 일치한 광경이었지요. 이 4대 위성은 내측에서부터 이오(Io), 에우로파(Europa), 가니메데(Ganymede), 칼리스토(Callisto)라는 이름이 붙여졌으며 '갈릴레오 위성'이라고 불리고 있습니다.

갈릴레오 위성의 궤도

갈릴레오 탐사선

1989년에 스페이스 셔틀에서 발사되어 1995년에 목성에 접근, 목성과 그 위성의 관측을 2003년까지 계속했습니다. 같은 해 관측을 마친 '갈릴레오'는 목성의 대기권*에 돌입하며 그 역할을 마칩니다.

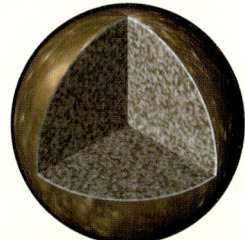

두께 200km 전후의 얼음층 밑에 액체인 물의 층. 그 밑에는 얼음과 암석이 섞인 층이 있고 핵은 없는 것으로 여겨지고 있습니다.

칼리스토

수성보다 아주 조금 작고 가니메데, 토성의 타이탄의 뒤를 잇는 태양계 세 번째 크기의 위성입니다. 표면 전체가 얼음으로 뒤덮여 있으며 그 밑에 액체의 물층이 있는 것으로 여겨지고 있습니다.

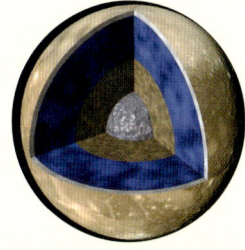

중심에 액체 금속의 핵이 있고, 그 위에 암석층, 부드러운 얼음층, 외측은 단단한 얼음 지각으로 뒤덮여 있습니다.

에우로파

갈릴레오 위성에서 가장 작고 달보다도 약간 작습니다. 공전주기가 이오의 두 배, 가니메데의 절반이라 목성과 두 위성의 중력의 영향을 받습니다.

가니메데

수성보다 조금 더 크며 태양계 최대의 위성입니다. 표면은 크레이터*가 많아 어두운 지역과 도랑과 같은 지형이 눈에 띄는 밝은 지역으로 확실하게 구별됩니다.

*지동설=지구가 태양 둘레를 돌고 있다는 이론. *대기권=행성, 위성 등의 천체를 둘러싸는 기체가 있는 범위.
*크레이터=천체에서 볼 수 있는 화산의 화구와 같이 둥글게 움푹 파인 장소.

뒤덮인 얼음 밑에는 무엇이……?

에우로파

와타나베 박사의 요점 설명!

얼음에 뒤덮인 표면 밑에는 깊이 100km에 이르는 바다가 펼쳐져 있습니다. 목성의 위성 에우로파에 바다가 있는 것은 아닐까 하는 것은 1970년대부터 예상되었던 일로 과학자나 SF 작가의 상상력을 자극해 왔지요. 바다가 있고 내부에 열이 있다면 어쩌면 생명이 탄생했을지도 모릅니다. 탐사선의 데이터 등을 통해 그 가능성을 부정할 수 없음이 분명해지고 있습니다.

에우로파의 내부

철분을 주성분으로 한 핵이 있고 그 위를 암석질의 맨틀*이 덮고 있으며, 그리고 그 위에는 물의 바다가 펼쳐져 있는 것으로 여겨지고 있습니다. 또 해저에서 뜨거운 물이 솟아 나와 바다가 대류 활동을 하고 있다고도 여겨지고 있지요.

용어집 *맨틀=행성이나 위성 등에서 핵의 외측에 있는 층.

에우로파의 표면

표면은 두께 수 킬로미터에 이르는 물의 지각*으로 뒤덮여 있습니다. 목성의 강한 인력 때문에 항상 금이 가거나 균열이 생겨 아래쪽 바다에서 올라온 물이 표면에서 식어 얼음이 됩니다. 이 현상이 반복되어 표면은 독특한 모양을 띱니다.

지구의 심해

태양의 빛이 거의 닿지 않는 지구의 심해 바닥에서 생명체가 발견되고 있습니다. 생명의 번식에는 태양의 빛이나 식물 등이 없어도 물과 에너지가 있다면 가능하다는 사실을 알게 된 것이지요. 이로써 태양에서 멀리 떨어진 에우로파에도 생명체가 있을 가능성이 생겼습니다.

신카이 6500

지구의 심해를 탐사하는 3인승 잠수 탐사선입니다. 그 이름처럼 6,500m까지 잠수할 수 있습니다.

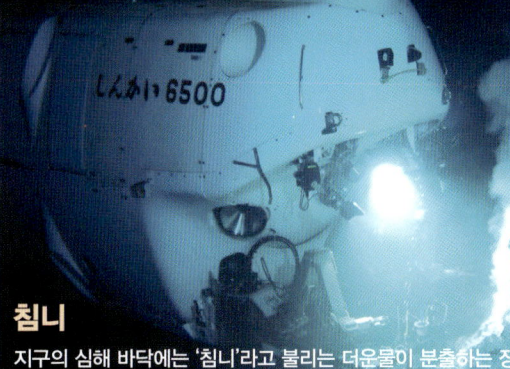

침니

지구의 심해 바닥에는 '침니'라고 불리는 더운물이 분출하는 장소가 있으며 이 주변에는 다양한 생물이 많습니다. 침니에서 분출하는 열수에 포함된 화학물질을 먹이로 삼는 박테리아나 그 박테리아를 먹이로 삼는 생물이 번식하고 있는 것이지요.

튜브 벌레(Tubeworm)

침니 등의 주변에서 발견되는 튜브 상태의 가늘고 긴 동물. 빛이 닿지 않는 심해에서 아무것도 먹지 않고 박테리아와 공생하고 있습니다.

에우로파의 바다

일러스트는 에우로파의 바다를 잠수하는 탐사선의 이미지입니다. 해저에서는 열수가 분출하고 있습니다.

용어집 *지각=천체의 고체 부분의 표층부.

크고 아름다운 고리를 가진

토성

🔬 **와타나베 박사의 요점 설명!**

토성은 지구에서 육안으로 보이는 가장 먼 행성입니다. 천체망원경으로 관측하면 그 신비로운 고리(링)의 아름다움에 숨을 삼키게 됩니다. 1610년 갈릴레오 갈릴레이*가 직접 만든 망원경으로 토성을 관측한 이래 토성은 과학자들의 호기심을 계속 자극해 왔습니다. 현재는 토성의 위성에도 탐사선을 착륙시키는 데 성공했는데, 아직 밝혀지지 않은 점이 많지요.

토성의 고리

1610년 토성을 처음 망원경으로 관측한 사람은 갈릴레오입니다. 갈릴레오는 고리를 '토성의 귀'라고 하여 두 개의 커다란 위성일 것으로 생각했습니다. 고리라는 사실을 안 것은 1655년의 일입니다. 그 후 관측이 진행되면서 고리는 1장의 판상의 것이 아니라 틈새가 벌어진 다수의 고리로 이루어졌다는 사실이 밝혀졌습니다. 커다란 고리는 7개이고, 실제로는 무수히 많은 가는 고리로 이루어져 있습니다. 각각의 고리는 몇 센티에서 몇 미터의 암석이나 얼음 알갱이가 모여서 형성된 것으로 두께는 10m 정도입니다.

카시니 간극

고리가 여러 개로 이루어져다는 사실은 1675년에 발견되었습니다. 그때 고리와 고리 사이에 어두운 틈새가 있다는 사실도 알게 되었지요. 발견자인 조반니 카시니(Giovanni Domenico Cassini)의 이름을 따서 이 틈새를 '카시니 간극'이라고 부릅니다.

용어집 *갈릴레오 갈릴레이=이탈리아의 과학자. 지구를 중심으로 우주가 돌고 있다는 천동설이 믿어졌던 시대에 지구가 돌고 있다는 지동설을 지지했다.

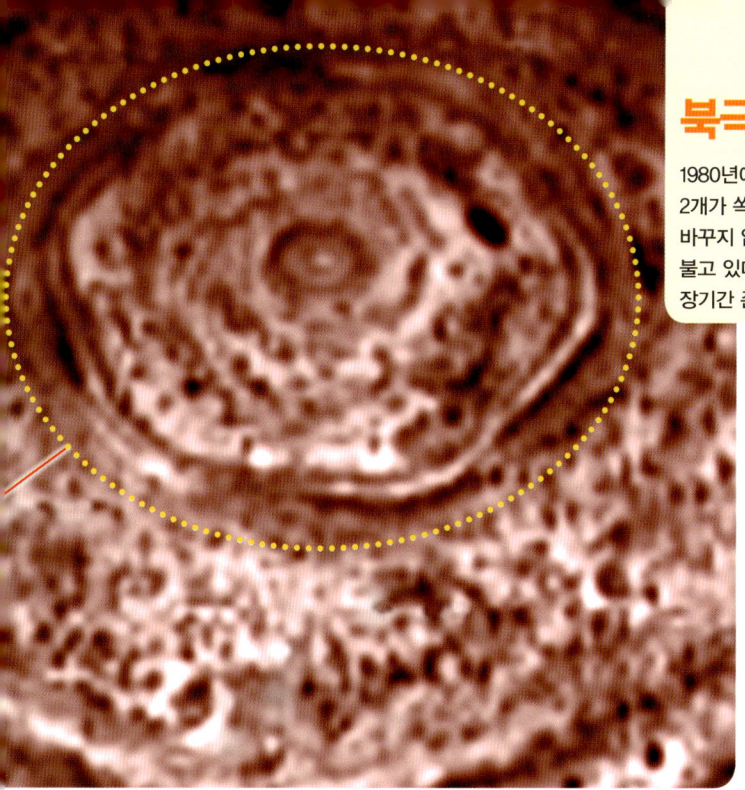

북극에 나타나는 수수께끼의 육각형

1980년에 NASA가 토성의 북극에 나타나는 불가사의한 육각형을 발견했습니다. 지구 2개가 쏙 들어갈 만한 크기입니다. 2006년에 토성 탐사선 '카시니'는 발견 이래 형태를 바꾸지 않은 육각형을 북극에서 다시 발견하는데, 이 육각형을 따라 초속 100m의 바람이 불고 있다는 사실도 확인했습니다. 왜 육각형이 형성되었는지, 왜 모양을 바꾸지 않고 장기간 존재하는지는 아직 밝혀지지 않았습니다.

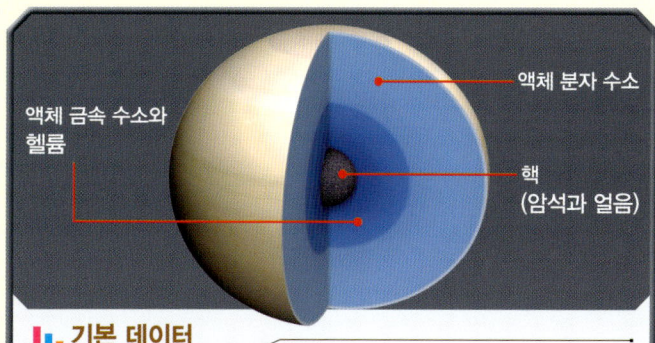

기본 데이터

- 직경 ········ 12만 536km (지구의 9.4배)
- 질량 ········ 지구의 95배
- 자전주기 ········ 10시간 40분
- 공전주기 ········ 29.5년
- 태양에서의 거리 ········ 평균 14억 2,940만 km (지구의 9.6배)

태양계 중에서 토성은 목성에 이어 두 번째로 크고 무거운 행성입니다. 하지만 평균 밀도는 지구의 8분의 1 정도밖에 안 되어 만일 초거대 수조가 있다면 물에 띄울 수도 있습니다. 이것은 토성이 수소(약 96%)와 헬륨(약 4%)이라는 가벼운 가스로 이루어진 가스 행성이기 때문입니다.

용의 폭풍 (Dragon storm)

2004년, 토성 탐사선 '카시니'는 토성의 남반구에서 마치 거대한 공룡(드래건)이 번개를 발생시키면서 몸을 크게 비틀며 폭풍(스톰)을 일으키는 것 같은 현상을 발견합니다. 이 용의 폭풍은 오래 이어지는데 마치 공룡이 불꽃을 토해 내는 것처럼 강력한 대기의 흐름을 일으켰다가 약해지곤 하지요. 그 규모는 지구에서 일어나는 폭풍의 1,000배나 더 강력한 것으로 중국과 같은 정도의 크기입니다.

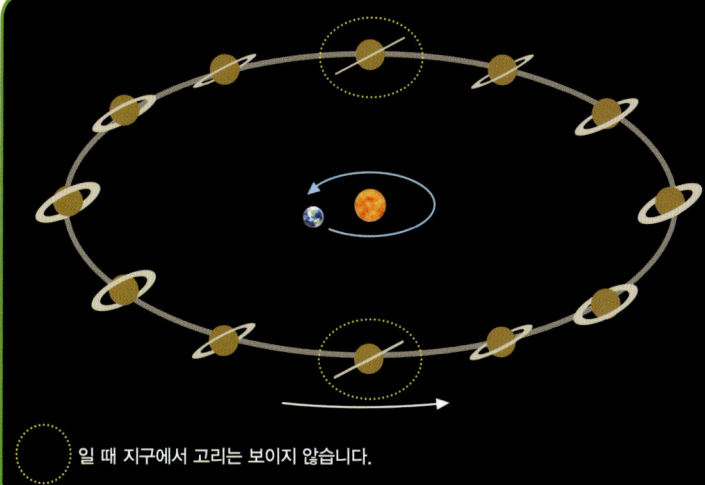

○○○ 일 때 지구에서 고리는 보이지 않습니다.

토성의 모습

토성은 살짝 기울어진 상태로 돌고 있는 팽이처럼 태양 둘레를 약 30년에 1바퀴(공전*) 돕니다. 그래서 지구에서 본 토성의 고리는 관측하는 해에 따라 다양하게 기울어 보입니다. 그러는 사이 바로 측면에서 보게 되는 해도 있습니다. 고리는 폭이 있으나 두께가 거의 없기 때문에 이때 지구에서는 토성의 고리가 보이지 않게 됩니다. 이 현상은 15년마다 일어납니다.

용어집 *대기=지구 등의 행성이나 위성 주위를 둘러싸고 있는 기체. *공전=한 천체가 다른 천체 주위를 일정한 주기로 도는 운동.

그 수가 60개를 넘는다!

토성의 위성

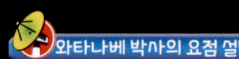 와타나베 박사의 요점 설명!

1655년, 최초로 발견된 토성의 위성은 타이탄이었습니다. 그 후 20세기 후반까지 총 18개가 되었는데, 21세기에 들어서면서 잇달아 무수한 위성이 발견되었지요. 지금은 이름이 붙은 위성이 53개, 임시 번호만 붙어 있는 위성이 12개로 수적으로는 목성과 같은 정도가 되었습니다. 토성의 위성들의 다양한 모습은 과학자들을 두근두근 설레게 합니다.

타이탄

지구의 대기*보다 1.5배나 짙은 질소의 대기가 지표에서 880km 높이까지 퍼져 있습니다. 메탄 등이 만들어내는 구름이 있기 때문에 상공에서는 지표의 세세한 모습이 보이지 않습니다. 타이탄은 목성의 위성 가니메데의 뒤를 잇는 태양계에서 두 번째로 큰 위성으로 직경이 약 5,150km나 됩니다.

카시니

1997년 미국과 유럽의 공동 우주탐사선 '카시니-하위헌스(Cassini-Huygens)'가 발사되었습니다. 2004년 토성에 도달, 2005년에 돌입선 '하위헌스'가 위성 타이탄에 착륙하는 데 성공하지요. '카시니'와 '하위헌스'는 토성과 타이탄의 수수께끼를 잇달아 밝혀냈습니다.

하위헌스

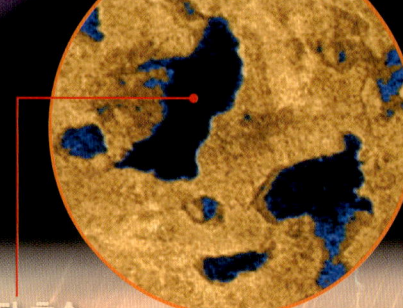

메탄 호수

'카시니'의 레이더 관측에 의해 타이탄의 북극과 남극에 수백 개에 달하는 액체 메탄과 에탄의 호수가 있다는 사실을 알게 되었습니다. 크기는 1만~10만 km²로 다양한데, 대부분이 거대하여 호수라기보다 바다라고 하는 편이 좋을 듯합니다.

타이탄의 대지

'하위헌스'는 타이탄에 하강하는 도중에 액체 메탄의 강이나 델타 모양의 하구가 있다는 사실을 알게 됩니다. 진흙탕 같은 곳에 연착륙했을 때는 지표에 메탄 안개비가 내리고 있다는 사실도 알게 되지요. 또한, '카시니'는 타이탄이 지표에서 500km 내부까지 암석을 포함하지 않은 얼음의 층으로 뒤덮여 있다는 사실을 알아냅니다.

용어집 *대기=지구 등의 행성이나 위성 주위를 둘러싸고 있는 기체. *델타 모양=하구 부근에서 볼 수 있는 지형으로 분기한 2개 이상의 하천과 흘러나온 바다로 에워싸인 삼각형에 가까운 삼각주를 말함. 그리스 문자의 델타(Δ)와 비슷해서 그렇게 불린다.

엔셀라두스

직경 498km로 토성의 위성 중 여섯 번째 크기입니다. 표면은 얼음으로 뒤덮여 있지만, 수증기와 같은 약간의 대기가 있다는 사실이 밝혀졌습니다.

얼음의 간헐천

남극 부근에는 얼음의 화산이 있고 작은 얼음 알갱이를 대량으로 분출하고 있습니다. 그 안에서 물이나 유기물도 발견되면서 목성의 위성 에우로파와 같이 생명이 존재할 가능성도 나오고 있습니다.

눈에는 보이지 않는 최대의 고리

적외선 천문 관측 위성 '스피처'는 토성을 둘러싼 직경 3,600만 km, 두께 120만 km나 되는 초거대 고리를 발견했습니다. 이것은 적외선이라고 하는 눈에 보이지 않는 빛을 관측하여 알게 된 사실입니다. 만일 지구에서 직접 눈으로 볼 수 있다면 토성 둘레에 만월의 두 배 정도 크기의 고리가 보일 것이라고 합니다.

그 밖의 위성들

위성의 직경 3분의 1이나 되는 거대한 크레이터*가 있는 미마스(Mimas), 위성의 둘레 4분의 1 길이의 거대 협곡*이 있는 테티스(Tethys), 산소를 주성분으로 한 매우 엷은 대기를 가진 디오네(Dione), 표면의 절반이 새하얗고 절반이 새까만 이아페투스(Iapetus) 등, 토성의 위성은 하나같이 개성이 넘칩니다.

미마스　　테티스　　디오네　　이아페투스

포이베

포이베(Phoebe)는 토성의 눈에 보이지 않는 초거대 고리 내부를 토성의 자전*과는 반대 방향으로 토성을 공전*하고 있습니다. 초거대 고리는 포이베에서 벗겨진 물질로 이루어져 있다고 하는데, 이아페투스의 검은 반대도 포이베에서 날아온 물질이 쌓여서 형성되었을지도 모릅니다.

토성의 주요 위성 궤도

60개 이상이나 되는 위성 중 직경 50km 이상인 위성은 불과 13개. 궤도*의 특징으로 규칙 위성*과 불규칙 위성*으로 크게 나뉘며, 24개가 커다란 규칙 위성이고, 나머지가 작은 불규칙 위성입니다. 최대의 불규칙 위성은 포이베로 직경 220km나 됩니다. 대부분 토성에서 멀리 떨어진 곳을 돌고 있으며 그중에서도 직경 6km 정도의 포르뇨트(Fornjot)는 토성에서 1,250만 km 떨어진 곳을 4년 이상에 걸쳐 돌고 있습니다.

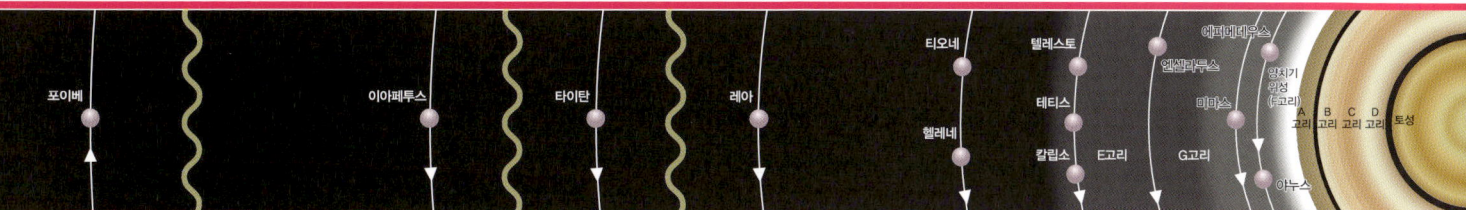

*크레이터=천체에서 볼 수 있는 화산의 화구와 같이 둥글게 움푹 파인 장소. *협곡=폭이 좁고 깊게 깎아지른 절벽으로 이루어진 계곡.
*자전=천체가 그 자신의 무게중심을 지나는 회전축의 주위를 회전하는 운동. *공전=한 천체가 다른 천체 주위를 일정한 주기로 도는 운동.
*궤도=물체가 운동하는 일정한 길. *규칙 위성=모행성을 규칙적인 타원형 궤도를 그리며 공전하는 위성. 불규칙 위성과 달리 닫힌 공전궤도를 돈다. *불규칙 위성=모행성의 인력에 이끌려 위성이 된 경우로 모행성의 자전 방향과 반대로 돌기도 하며, 타원형 궤도를 그리며 공전하는 위성. 규칙 위성과 달리 닫힌 공전궤도를 돌지 않는다.

천왕성

가로로 쓰러진 모양으로 자전하는 행성

천왕성

왜 기울어져서 자전하는 것일까?

원래는 천왕성도 지구처럼 공전* 방향으로 자전*했는데, 거대한 천체가 충돌하여 자전축이 기울어졌다고 하는 설이 가장 유력합니다. 또한, 위성의 궤도*나 고리도 마찬가지로 가로로 쓰러져 있으므로 충돌이 일어난 것은 천왕성이 갓 형성된 무렵일 것으로 여겨지고 있습니다.

엄청 기울어져 있네!

왠지 현기증 날 것 같아.

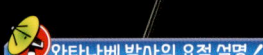
와타나베 박사의 요점 설명!

천왕성은 자전축이 가로로 쓰러진 모양으로 태양을 공전하는 신기한 행성입니다. 태양에서 멀어 빛이 조금밖에 닿지 않는 -200℃ 정도의 터무니없이 추운 행성이지요. 또한, 천왕성에는 지구보다 약간 약한 자기장*이 있습니다. 그런데 왜 이 자기장이 자전축에서 60도나 기울어져 있는지는 아직 밝혀지지 않았습니다.

우주와 인간
● 천왕성 발견 이야기 ●

윌리엄 허셜
(1738~1822)

윌리엄 허셜(William Herschel)은 독일에서 태어난 영국의 천체 관측가입니다. 1781년 3월 13일 자신이 직접 만든 망원경으로 천체를 관측하다가 우연히 천왕성을 발견했지요. 허셜은 그 밖에도 토성의 위성이나 천왕성의 위성을 발견하는 등, 많은 천문학의 성과를 남겼습니다. 또한, 조수였던 동생 캐롤라인 허셜도 여러 개의 혜성을 발견했습니다.

용어집
*공전=한 천체가 다른 천체 주위를 일정한 주기로 도는 운동. *자전=천체가 그 자신의 무게중심을 지나는 회전축의 주위를 회전하는 운동.
*궤도=물체가 운동하는 일정한 길. *자기장=자력이 작용하는 공간.

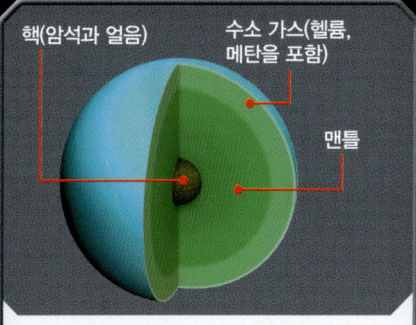

| 핵(암석과 얼음) | 수소 가스(헬륨, 메탄을 포함) |
| | 맨틀 |

기본 데이터

- 직경 ········ 5만 1,118km (지구의 4배)
- 질량 ········ 지구의 14.5배
- 자전주기 ········ 17시간 14분
- 공전주기 ········ 84년
- 태양에서의 거리 ··· 평균 28억 7,503만 km
  (지구의 19배)

중심은 암석이나 얼음으로 이루어진 핵. 그 둘레를 물이나 암모니아와 메탄이 섞인 얼음의 맨틀*, 한층 외측은 헬륨과 메탄을 포함한 수소 가스가 뒤덮고 있습니다. 수소 가스에 포함된 메탄으로 인해 옅은 푸른색으로 보입니다.

허블 우주망원경으로 본 천왕성

가로로 쓰러진 모양의 고리는 먼지로 이루어져 있으며, 1개로 보이지만 실제로는 11개라는 사실이 확인되었습니다.

위성들

움브리엘

천왕성에서는 27개의 위성이 발견되었으며 그중에서도 아리엘(Ariel), 움브리엘(Umbriel), 티타니아(Titania), 오베론(Oberon), 미란다(Miranda)를 '5대 위성'이라고 부릅니다. 움브리엘의 표면은 5대 위성 중에서도 가장 어두우며 크레이터로 뒤덮여 있습니다.

티타니아

탐사선 '보이저 2호'를 쏘아 올리기 전에 이미 지구에서 발견한 5대 위성의 하나로 가장 커다란 위성입니다. 표면에는 과거에 지각 변동*이 있었음을 나타내는 거대한 계곡이 남아 있습니다.

미란다

5대 위성 중에서 가장 작고 가장 내측을 도는 위성입니다. 표면은 대부분이 얼음으로 뒤덮여 있습니다. 다수의 거대한 깊은 계곡은 과거에 커다란 지각 변동이 있었기 때문인 것으로 여겨지고 있습니다.

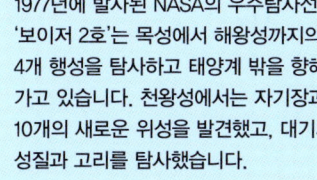

보이저 2호

1977년에 발사된 NASA의 우주탐사선 '보이저 2호'는 목성에서 해왕성까지의 4개 행성을 탐사하고 태양계 밖을 향해 가고 있습니다. 천왕성에서는 자기장과 10개의 새로운 위성을 발견했고, 대기의 성질과 고리를 탐사했습니다.

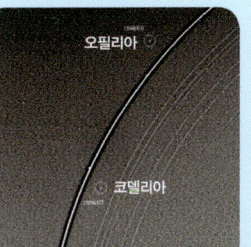

양치기 위성

행성의 고리 외측이나 틈새를 돌며 자체 인력으로 고리를 안정시키는 역할을 하는 위성을 '양치기 위성'이라고 합니다. 흡사 양치기가 많은 양을 끌고 다니는 모습과 비슷하기 때문입니다. 천왕성에서는 코델리아(Cordelia)와 외측을 도는 오필리아(Ophelia)라는 두 개의 위성이 양치기 위성이라고 여겨지고 있습니다.

용어집 *맨틀=행성이나 위성 등의 내부 구조로 핵의 외측에 있는 층. *지각 변동=천체 내부의 에너지로 지형이 바뀌는 일.

가장 먼 행성
해왕성

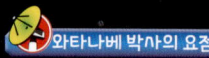

해왕성은 거대한 얼음과 가스로 이루어져 있습니다. 대기* 중의 메탄이 태양에서의 붉은빛을 흡수하므로 바다와 같은 깊은 푸른색으로 보입니다. 태양계 안에서 가장 먼 행성이므로 표면은 -220℃에 가까운 극한의 세계이지만, 중심부는 5000℃나 됩니다. 강풍이 동서로 불어대고 거대한 흑반이 나타났다 사라졌다 하는 신기한 행성이지요.

자전
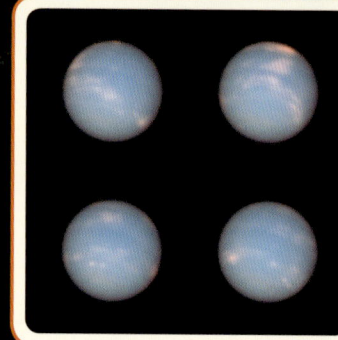
2011년 6월에 허블 우주망원경으로 촬영된 4시간 간격의 해왕성의 화상입니다. 16시간 동안 자전*하므로 1회전 분량입니다. 1846년 발견 후 165년째인 2011년 해왕성이 태양을 1회 공전한 기념으로 촬영되었습니다.

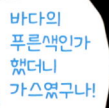
바다의 푸른색인가 했더니 가스였구나!

그렇다면 바질 일은 없겠네.

고리
1989년 '보이저 2호'가 해왕성의 매우 어두운 다섯 개의 고리를 확인했습니다. 해왕성의 고리는 폭이 좁고 어두운 먼지로 이루어져 있어 짙고 밝은 곳과 희미한 곳이 있기 때문에 지구에서 보면 끊어진 것처럼 보이기도 했다는 사실을 알게 되었습니다.

기본 데이터
- 직경 ········ 4만 9,528km (지구의 3.9배)
- 질량 ········ 지구의 17배
- 자전주기 ········ 16시간 6분
- 공전주기 ········ 165년
- 태양에서의 거리 ··· 평균 45억 440만 km (지구의 30배)

천왕성과 매우 닮은 구조의 행성입니다. 암석이나 얼음으로 이루어진 핵 둘레를 물이나 암모니아와 메탄이 섞인 얼음의 맨틀*, 그리고 외측은 헬륨과 메탄을 포함한 수소 가스가 뒤덮고 있습니다.

(핵(암석과 얼음), 수소 가스(헬륨, 메탄을 포함), 맨틀)

대흑반
1989년에 탐사선 '보이저 2호'는 남반구에 대흑반이라고 불리는 거대한 소용돌이를 발견하고 최대 시속 2,400km의 바람을 관측했습니다. 하지만, 1994년 허블 우주망원경의 관측에서는 이 대흑반은 발견되지 않았고 북반구에서 다른 흑반이 관측되었습니다.

*대기=지구 등의 행성이나 위성 주위를 둘러싸고 있는 기체. *자전=천체가 그 자신의 무게중심을 지나는 회전축의 주위를 회전하는 운동.
*맨틀=행성이나 위성 등 핵의 외측에 있는 층.

두 번째로 큰 위성 프로테우스

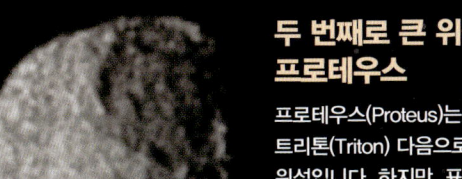

프로테우스(Proteus)는 트리톤(Triton) 다음으로 큰 위성입니다. 하지만, 표면이 매우 어두워서 지구에서는 발견할 수 없고 '보이저 2호'에 의해 발견되었습니다. 크기에 비해 일그러진 형태를 하고 있고 어두운 이유는 표면이 얼어붙어 있기 때문인 것으로 여겨지고 있습니다. 많은 크레이터*가 있습니다.

해왕성 최대의 위성 트리톤

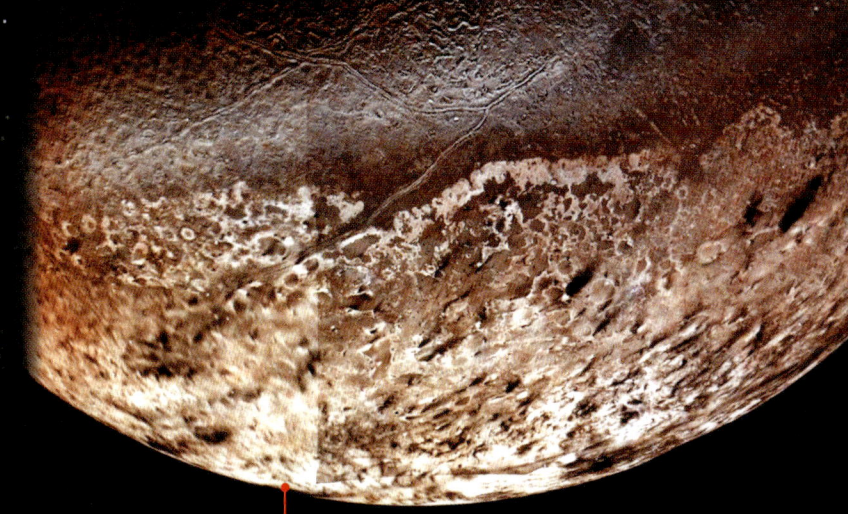

직경이 2,700km나 되는 해왕성에서 가장 큰 위성입니다. 암석과 얼음으로 이루어진 천체로 약간의 메탄을 포함한 질소의 옅은 대기가 있습니다. 표면이 메탄과 질소의 얼음으로 뒤덮인 −235℃의 극한의 세계입니다.

구름

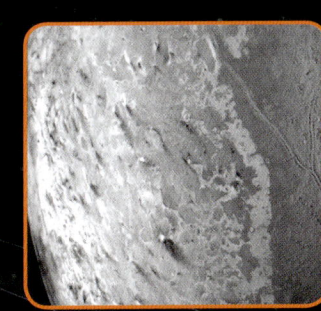

2002년에 허블 우주망원경이, 남반구의 띠 형태 구름이 1996년과 1998년 관측 당시보다 많아지고 밝아진 것을 포착했습니다. 해왕성은 지구와 마찬가지로 자전축이 공전* 면에 대해 28도 정도 기울어져 있어 사계절이 있으며, 이 구름의 밝기 변화는 해왕성의 남반구가 여름을 앞두고 있기 때문인지도 모릅니다.

트리톤의 화산

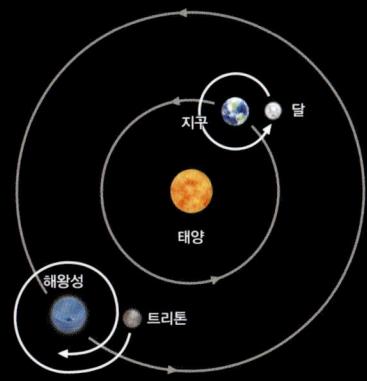

'보이저 2호'가 찍은 트리톤 표면의 여러 개의 검은 줄무늬는 화산 활동으로 액체 질소와 함께 분출한 메탄이 검게 되어서 바람에 흘러가는 모습이라고 여겨지고 있습니다.

트리톤의 공전

트리톤은 완전한 원에 가까운 궤도*를 가진 역행 위성(행성의 자전 방향과는 반대로 도는 위성)입니다. 역행 위성은 태양 둘레를 도는 소천체가 행성의 인력에 붙잡혀 위성이 된 것으로 여겨지고 있습니다만, 트리톤이 어떻게 해서 해왕성의 위성이 되었는지는 커다란 수수께끼입니다.

우주와 인간
해왕성을 발견한 사람은 누구?

천왕성의 움직임이 계산과 맞지 않았으므로 천왕성의 외측에 발견되지 않은 행성이 있을 것으로 여겨졌습니다. 영국의 존 쿠치 애덤스(John Couch Adams)와 프랑스의 위르뱅 르베리에(Urbain Le Verrier)는 각각 계산을 해서 거의 같은 결과에 이르렀는데, 르베리에의 의뢰로 관측한 독일의 요한 고트프리트 갈레(Johann Gottfried Galle)가 1846년 9월 23일에 해왕성을 발견했습니다. 이 세 사람이 해왕성 발견자로 알려져 있습니다.

존 쿠치 애덤스
(1819~1892)

요한 갈레
(1812~1910)

위르뱅 르베리에
(1811~1877)

*크레이터=천체에 보이는 화산의 화구와 같이 둥글게 움푹 파인 장소. *공전=한 천체가 다른 천체 주위를 일정한 주기로 도는 운동.
*궤도=물체가 운동하는 일정한 길.

많은 미지의 천체가 숨어 있는
명왕성과 태양계 외연 천체

과거 행성이라고 불렸던 천체

명왕성

발견 이래 2006년까지 태양계의 아홉 번째 행성이라고 여겨졌습니다만, 그 주위에서 여러 개의 명왕성과 같은 천체가 발견되어 다시금 행성이란 무엇이냐에 대한 논의가 이루어지게 됩니다. 그래서 명왕성은 국제 천문학 연합(IAU)에서 결정한 행성의 정의에 해당되지 못하고 새롭게 분류된 '왜행성'에 속하게 된 것이지요. 일러스트는 명왕성의 상상도입니다. 지표는 얼음으로 뒤덮여 있고 옅은 대기*를 휘감고 있습니다. 지평선 가까이에는 위성 카론(Charon)이, 하늘에는 태양이 조그맣게 보입니다.

얼음
맨틀
핵(암석)

기본 데이터

- 직경 ········ 2,300~2,390km (지구의 5분의 1)
- 질량 ········ 지구의 500분의 1
- 자전주기 ········ 6.4일
- 공전주기 ········ 248년
- 태양에서의 거리 ··· 평균 59억 135만 km (지구의 39.5배)

허블 우주망원경의 관측으로 명왕성의 지표는 메탄 얼음이나 질소 얼음 등으로 뒤덮여 있다는 사실을 알았습니다. 중심에는 암석의 핵이 있고 얼음 맨틀에 감싸여 있는 것으로 여겨지고 있습니다. 크기도 작고 지구에서도 멀어서 관측이 어려워 아직까지 모르는 점이 많은 미지의 천체입니다.

여기선 햇볕 쬐기 같은 건 생각해 볼 수도 없겠네.

태양이 엄청 조그맣게 보여.

5개의 위성

1978년에 커다란 위성 카론이 발견되었고, 2005년에 작은 위성 닉스(Nix)와 히드라(Hydra), 2011년에는 더 작은 위성, 2012년에는 한층 더 작은 위성이 발견되면서 명왕성의 위성은 모두 5개가 되었습니다.

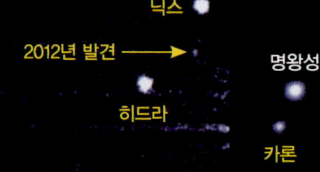

닉스
2012년 발견
히드라
명왕성
카론
2011년 발견

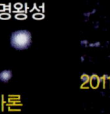

*대기=지구 등의 행성이나 위성 주위를 둘러싸고 있는 기체.

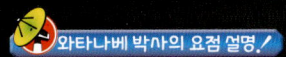

1930년, 해왕성 외측에서 처음으로 천체가 발견되어 명왕성이라는 이름이 붙여졌습니다. 그리고 1950년 전후, 200년 이하의 짧은 주기로 지구에 떨어진 혜성은 해왕성의 외측에 있는 에지워스-카이퍼 벨트(Edgeworth-Kuiper Belt)라는 소천체의 밀집 지대에서 온다고 하는 설이 제창되었지요. 그리고 발견은 계속 이어집니다. 1992년 이후 해왕성 외측에서 잇달아 실제로 천체가 발견되었고, 그것을 한데 모아 '태양계 외연 천체'라고 이름 붙였습니다. 태양에서 먼 것은 분명하지만 아직 끝은 아닙니다. 태양계는 어디까지 펼쳐져 있을까요? 그곳에는 또 어떤 천체가 있을까요? 탐구에 끝은 없습니다!

뉴 허라이즌스

2006년 1월, 미국 항공우주국(NASA)은 명왕성과 그 위성 카론의 탐사, 나아가 에지워스-카이퍼 벨트 내 다른 태양계 외연 천체를 탐사하기 위해 우주탐사선 '뉴 허라이즌스(New Horizons)'를 쏘아 올렸습니다. 2015년 7월에 명왕성을 통과했습니다.

명왕성의 얼룩무늬

멀어서 민낯을 잘 알 수 없지만, 허블 우주망원경 등의 관측을 통해 명암의 변화가 얼룩무늬로써 표면에 나타나는 것을 알 수 있습니다. 태양에서의 거리에 따라 계절별로 질소 등이 얼음이 되거나 기체가 되는 변화에 따른 것인 듯합니다.

용어집 *공전궤도=한 천체가 다른 천체의 주위를 주기적으로 도는 길.

왜행성이란?

왜행성(Dwarf planet)은 태양 둘레를 공전해야 하며, 그 천체의 중력으로 둥근 형태를 취하고 있어야 합니다. 여기까지는 행성의 조건과 같습니다만, 공전궤도* 가까이에 다른 천체가 없어야 행성이라고 할 수 있습니다. 그 밖에도 주위에 비슷한 크기의 천체가 있으면 왜행성이 됩니다. 2012년 현재 명왕성, 에리스(Eris), 하우메아(Haumea), 마케마케(Makemake)와 소행성대에 있는 세레스(Ceres)가 왜행성으로 인정받았습니다.

세레스(53쪽)

에지워스-카이퍼 벨트와 왜행성의 궤도

에지워스-카이퍼 벨트(Edgeworth-Kuiper Belt)는 해왕성의 공전궤도 바깥에 있는 소행성과 물, 먼지가 모여 있는 지대입니다. 명왕성, 에리스, 하우메아, 마케마케 등의 왜행성은 에지워스-카이퍼 벨트의 내부를 통과해 가늘고 긴 원 궤도를 그리면서 공전합니다. 화성과 목성 사이에 있는 소행성대(53쪽)에 있는 세레스 이외는 태양에서 멀므로 긴 경우 500년 이상이나 걸려 태양을 한 바퀴 돕니다.

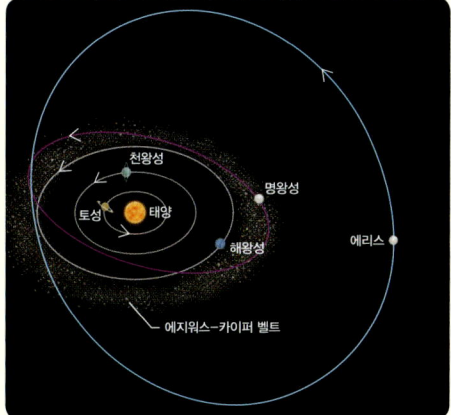

잇달아 발견되는 태양계 외연 천체

현재는 1,000개 이상의 태양계 외연 천체가 발견된 상황입니다. 명왕성 이외의 태양계 외연 천체 중 크기가 큰 것으로는 다음과 같은 천체가 있습니다. 직경은 50~2,400km로 상당한 차이가 있습니다.

명칭	크기	발견 연도
에리스(Eris)	직경 약 2,400km	2003년
하우메아(Haumea)	약 2,000×1,000×1,200km	2003년
마케마케(Makemake)	직경 약 1,500km	2005년
세드나(Sedna)	직경 1,000~1,600km	2003년
오르쿠스(Orcus)	직경 약 1,000km	2004년
콰오아(Quaoar)	직경 약 1,000km	2002년
2002TX300	직경 300km 이하	2002년

유성을 운반하는 아름다운 꼬리를 가진

혜성

헤일밥 혜성

태양에서 먼 곳에서 발견되었는데, 태양과 가까워지면 상당히 밝고 커질 것으로 예상되었던 혜성입니다. 실제로 1997년에는 수개월 동안 육안으로 볼 수 있었습니다. 푸른 부분은 가스나 플라스마*로 이루어진 이온의 꼬리, 흰 부분은 먼지의 꼬리입니다.

꼬리가 두 개나 있네. 부럽다!

와타나베 박사의 요점 설명!

혜성의 본체는 '더러워진 눈뭉치'라고 합니다. 태양과 가까워지면 뜨거워져서 가스나 먼지를 대량으로 분출하여 멋진 꼬리가 되지요. 혜성에서 분출한 수 mm에서 수 cm 크기의 모래 알갱이는 그대로 태양 둘레를 돕니다. 그리고 지구의 공전궤도*와 교차할 때 유성(별똥별)이 되어 반짝거립니다. 즉 유성은 혜성이 떨어뜨린 것이지요. 혜성은 태양계의 끝에서 오는 것이므로 혜성을 탐구하면 태양계가 형성된 무렵의 모습을 알 수 있을 것으로 기대되고 있습니다.

색깔도 두 가지라 예뻐!

혜성의 궤도

혜성의 궤도는 행성들의 그것과는 달리 가늘고 긴 타원인 경우가 많고, 기울기도 각양각색입니다. 다양한 방향에서 찾아오는 혜성 중에는 태양에 접근한 후 두 번 다시 돌아오지 못한 것도 있습니다.

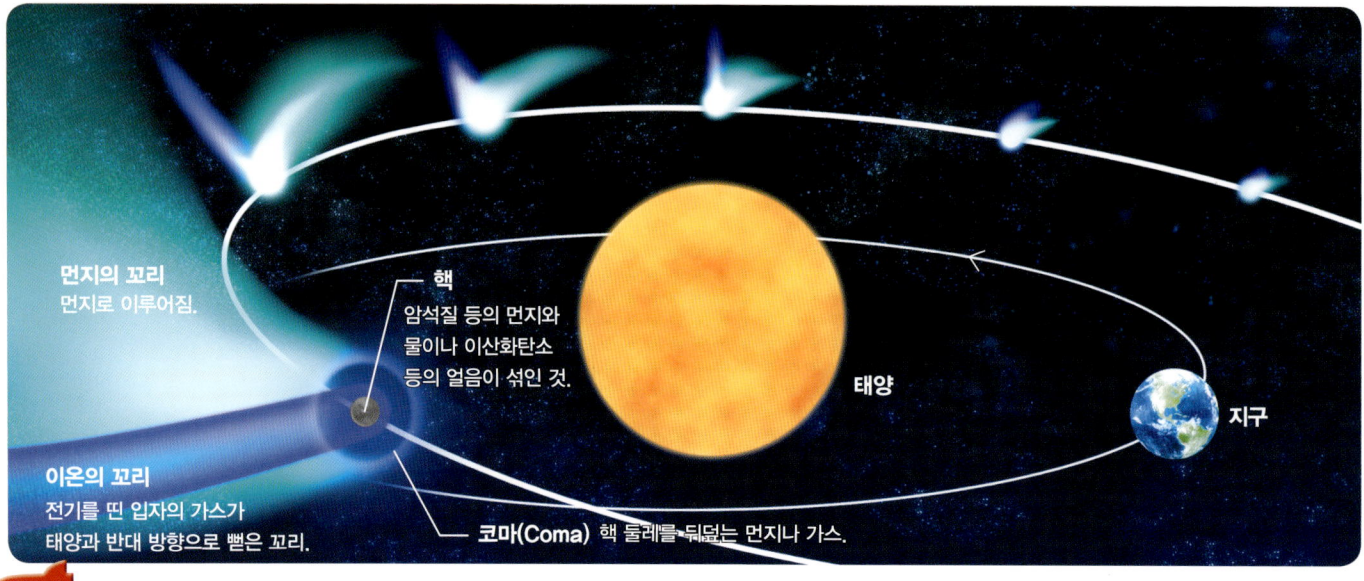

먼지의 꼬리 먼지로 이루어짐.

핵 암석질 등의 먼지와 물이나 이산화탄소 등의 얼음이 섞인 것.

태양

지구

이온의 꼬리 전기를 띤 입자의 가스가 태양과 반대 방향으로 뻗은 꼬리.

코마(Coma) 핵 둘레를 뒤덮는 먼지나 가스.

용어집 *플라스마=전기를 띤 입자를 포함한 기체. *공전궤도=천체가 일정 주기로 다른 천체 둘레를 도는 길.

혜성과 탐사선

탐사선에 의한 혜성 탐사는 1985년의 자코비니-지너(Giacobini-Zinner) 혜성의 탐사에서 시작되었으며, 이듬해 핼리 혜성이 지구에 가까워졌을 때는 일본을 비롯해 각국이 탐사선을 보내어 '핼리 함대'라고 불렸습니다. 그 후에도 잇달아 탐사선을 발사하고 있습니다.

딥 임팩트

2005년 1월에 쏘아 올린 미국의 탐사선 '딥 임팩트(Deep Impact)'는 같은 해 7월 템펠 제1혜성(Tempel 1)에 88만 km까지 접근하여 무게 370kg의 임팩터(충돌체)*를 발사하는 데 성공했습니다. 2007년, 이 기기는 '에폭시'로 이름을 바꿨고 2008년에는 태양계 밖의 행성을 관측했습니다.

스타더스트

1999년에 쏘아 올린 미국의 탐사선 '스타더스트(Stardust)'는 2004년 와일드 제2혜성(81P/Wild)의 꼬리 안에 들어가 먼지 채취에 성공했으며 2006년 지구로 다시 가지고 돌아오는 데도 성공했습니다.

템펠 제1혜성(Tempel 1) **하틀리 제2혜성(103P/Hartley)**

임팩터는 시속 약 3만 7,000km라는 맹렬한 속도로 템펠 제1혜성과 충돌했습니다. 2010년 '딥 임팩트'의 연장 탐사로써 '에폭시'는 하틀리 제2혜성에 700km까지 접근하여 촬영하는 데 성공했습니다.

로제타

유럽우주기구(ESA)의 혜성 탐사선 '로제타'는 2014년 11월 13일 추류모프-게라시멘코 혜성(67P/Churyumov-Gerasimenko)에 착륙기 '필레(Philae)'를 투하, 착륙에 성공했습니다. 2004년에 쏘아 올린 후 10년 간 약 64억 km의 여행이었습니다. 혜성의 핵을 탐사하여 태양계 탄생의 비밀에 다가갔습니다.

유성군의 구조

유성군은 밤하늘의 어느 한 점에서 사방으로 튀어나오듯이 출현하는 유성(별똥별)의 무리입니다. 혜성의 궤도에는 혜성이 남긴 모래 알갱이가 띠 상태로 퍼져서 공전합니다. 그리고 지구가 공전해서 여기에 부딪힐 때 유성군이 보이는 것이지요.

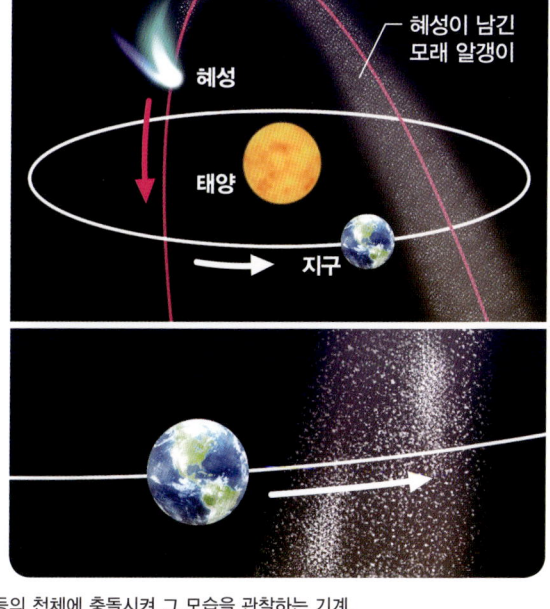

복사점(방사점)

유성군의 유성이 방사상으로 튀어나오는 것처럼 보이는 천구(83쪽) 상의 한 점을 가리켜 '복사점'이라고 합니다. 유성이 한 점에서 튀어나오는 것처럼 보이는 것은 평행한 선로가 멀리서 교차해 보이는 것과 같은 것으로, 유성끼리의 경로는 평행합니다.

용어집 *임팩터(충돌체)=혜성 등의 천체에 충돌시켜 그 모습을 관찰하는 기계.

혜성의 고향은 어디?

태양계의 끝

태양계의 끝

짧은 궤도의 혜성들

혜성 중에서도 주기가 200년 이내로 짧은 것은 주로 에지워스-카이퍼 벨트의 태양계 외연 천체가 어떠한 원인으로 태양계 내측으로 궤도를 수정한 것들입니다.

엥케 혜성
3.3년의 주기를 가진 혜성입니다. 목성의 중력에 강하게 영향을 받아 주기가 서서히 빨라지는 것을 알 수 있습니다.

하쿠타케 혜성
1996년의 접근 당시 지구의 매우 가까운 곳을 통과한 혜성입니다. 멀어질 때 행성 근처를 통과하면서 궤도가 밝혀져 다음 접근은 10만 년도 더 후가 될 것으로 생각되고 있습니다.

화성, 수성, 태양, 지구, 금성

화성까지의 궤도

헤일밥 혜성
수천 년 정도의 주기를 가지며 핵이 50km로 최대급 크기로 여겨지고 있습니다. 1997년 접근 당시 크고 아름답게 뻗은 꼬리가 각지에서 관측되었습니다.

천왕성, 토성, 목성, 해왕성

해왕성까지의 궤도

핼리 혜성
1910년, 천체를 가로지를 정도의 긴 꼬리가 관측된 것으로 유명한 혜성입니다. 주기는 76년으로 2061년 여름에 다시 접근할 예정입니다.

보이저 1호, 2호
태양계 밖으로 향하는 탐사선 보이저는 1977년에 발사되었습니다. 그리고 2012년 보이저 1호가 헬리오포즈(Heliopause)라는 태양풍*의 영향이 없어지는 경계 부분에 도달했습니다.

골드 디스크
보이저에는 골드 디스크가 장착되어 있습니다. 넓은 우주의 어딘가 아직 보지 못한 우주 생명체에게 보내는 메시지로 지구의 사진과 세계 각지의 언어가 기록되어 있습니다.

헬리오포즈(Heliopause)
약해지면서도 태양풍은 여기까지 미친다.

충격파 (Bow shock)
성간 물질과의 충돌면.

태양풍은 어디까지 갈까?

태양계 밖의 성간 물질*이나 자기장*과 태양풍이 충돌하여 여러 개의 층이 만들어졌습니다. 태양풍이 끊기는 헬리오포즈(태양권 계면)까지를 태양권이라고 합니다.

헬리오시스(Heliosheath)
태양풍의 속도가 저하하여 성간 물질이 섞이기 시작한다.

헬리오스피어(Heliosphere)
태양에서 약 반경 수백 AU*로 확산되는 태양풍이 감속하지 않고 미치는 범위.

용어집 *태양풍=태양에서 불어오는 플라스마라고 하는 전기를 띤 입자의 흐름. *성간 물질=별과 별 사이에 있는 물질을 말함.
*자기장=자력이 작용하는 공간. *AU(Astronomical Unit)=태양에서 지구까지 약 1억 4,960만 km의 거리를 기준으로 한 천문단위.

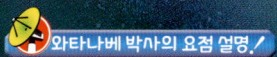
와타나베 박사의 요점 설명!

예전에는 토성이 태양계의 끝이라고 여겨졌었습니다. 그런데 천왕성과 해왕성, 그리고 명왕성을 포함한 에지워스-카이퍼 벨트(69쪽)와 태양계의 범위가 서서히 밝혀지게 되었지요. 게다가 에지워스-카이퍼 벨트 끝에도 태양계 외연 천체(68쪽)들이 완전히 태양계를 뒤덮듯이 존재하고 있는 것으로 생각되었습니다. 그것이 오르트의 혜성운이며 몇몇 혜성(70쪽)은 여기서 오는 것이기도 한데, 이들은 매우 주기가 길어지거나 두 번 다시 돌아오지 않는, 이른바 태양계의 모험가입니다.

에지워스-카이퍼 벨트
해왕성의 공전궤도 밖에 있는 소행성이나 물, 먼지가 모여 있는 지대입니다.

오르트의 혜성운(구름)
헬리오포즈보다 외측에 있으며 태양계를 감싸듯이 태양에서 수만 AU의 거리에 존재하고 있는 것으로 여겨지고 있습니다. 그 정체는 주로 얼음으로 이루어진 미행성*들입니다.

다른 항성계 오르트의 혜성운
약 140만 년 후에 글리제(Gliese) 710이라는 별이 태양에서 약 6만 AU 거리까지 접근할 것으로 생각되고 있습니다. 그렇게 되면 태양과 글리제 710, 서로의 중력에 의해 각각의 오르트의 혜성운은 일제히 흐트러져서 터무니없는 수의 혜성이 되어 떨어질지도 모릅니다.

태양계의 밖으로 출입하는 혜성
어떠한 원인에 의해 오르트의 혜성운에서 태양을 향해 떨어지는 혜성은 수백만 년이나 되는 주기를 갖거나 그대로 태양계 밖으로 날아가 두 번 다시 돌아오지 않습니다. 반대로 우주를 떠도는 성간 물질이 태양계로 들어와 혜성이 되는 경우도 있습니다.

용어집 *미행성=직경 수 킬로미터 크기의 천체.

행성들은 어떻게 태어났을까?

태양계의 탄생

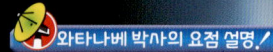 와타나베 박사의 요점 설명!

50억 년 이상 전, 은하계* 한쪽 구석에서 수명을 다한 많은 항성들이 초신성 폭발*(104쪽)을 일으켜 가스와 먼지를 분출하면서 성간 가스*가 되어 후에 태양계의 요람이 되었습니다. 그로부터 수억 년이 지나 새로운 초신성 폭발에 의한 충격파*로 요람에 밀도가 높은 부분이 생깁니다. 그리고 46억 년 전 밀도가 높은 성간 가스가 중력으로 인해 모여들어 회전하는 원심력에 의해 광대한 원반이 되는데, 이것이 원시 태양*계 원반으로 태양계의 아기들입니다.

2 1,000년 후~1만 년 후

원시 태양계 원반은 태양의 중력으로 인해 수축하고, 회전 속도가 커짐에 따라 희미하게 찌그러져 갔습니다. 그런데 가스에는 압력이 있어서 완전히 찌그러지지는 못하고 대신에 먼지가 원반의 중앙면에 내려 쌓여서 먼지층이 형성되었습니다.

원반에 내려서 쌓인 먼지

1 태양의 탄생

46억 년 전 원시 태양계 원반의 중심에서 장대한 우주 제트*가 위아래로 분출되면서 그 중심에서 수소와 수소가 결합하여 헬륨이 되는 핵융합 반응*이 일어났습니다. 이 반응에 의해 팽대한 에너지가 해방되어 원시 태양계 원반의 중심부가 빛나기 시작했는데, 그것이 바로 태양의 탄생입니다.

6 태양계의 형성

원시 태양계 원반의 가스는 마침내 소실되고 내측에서는 암석 행성끼리 대충돌을 일으켜 수성 등의 행성이 되었습니다. 외측에서는 남아 있던 가스를 흡수하여 한층 크게 성장해서 목성 등의 거대 행성이 되었습니다. 바로 태양계의 탄생입니다.

 용어집

*은하계=우주에 있는 수많은 은하 중에서도 인류가 탄생한 지구와 태양계를 포함한 은하를 말함. *초신성 폭발=항성이 일생을 마칠 때 일으키는 대규모 폭발. *성간 가스=우주에 있는 구름으로 수소나 헬륨 등의 기체. *충격파=음속 이상의 빠르기로 전달되는 강렬한 압력의 파동. *원시 태양=핵융합 반응이 일어나지 않은 단계의 태양. *우주 제트=블랙홀, 원시별, 전파은하 등에서 내뿜는 플라스마 등의 가스. *핵융합 반응=두 개의 원자핵이 융합하여 새로운 원자핵이 만들어지는 반응.

태양이 거대해진다!
태양계의 종말

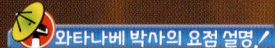
와타나베 박사의 요점 설명!

태양의 수명은 앞으로 50억 년 이상은 된다고 합니다. 수명이 다해 감에 따라 태양은 서서히 팽창해 갑니다. 그리고 태양은 적색거성*으로 그 모습을 바꾸게 됩니다. 거기서부터 한층 더 거대해져서 적색거성이 걸치고 있던 가스가 벗겨집니다. 수성, 금성을 삼킬 정도로 커져 가는 것입니다. 이때 지구는 태양의 팽창과 더불어 현재의 궤도에서 외측으로 튕겨져 나가면서 살아남을지도 모릅니다. 하지만 살아남는다고 해도 생명은 존재하지 않겠지요. 수십억 년 후 태양이 어느 정도 팽창해졌을 때 바다는 증발하고 대기*도 날아가 버릴 테니까요.

완전히 변해 버린 미래의 지구

태양이 팽창하기 시작하면 양극 이외에서는 지구에서 물이 사라지고, 현재의 화성과 같은 모습이 될지도 모른다고 합니다. 게다가 태양이 거대화하면 지구의 바다나 대기는 완전히 없어져 마지막에는 태양이 삼켜 버릴 가능성도 있습니다. 태양이 삼키지 않는다고 해도 생명체가 살아남지는 못하겠지요.

용어집
*적색거성=중심핵에서 수소의 연소가 끝난 진화 단계에 있는 항성. 본래 크기의 1,000배까지 팽창한다.
*궤도=물체가 운동하는 일정한 길. *대기=지구 등의 행성이나 위성 주위를 둘러싸고 있는 기체.

태양은 어떻게 일생을 마칠까?

주계열성
현재~50억 년 후

지금으로부터 46억 년 전 태양계가 탄생한 후 얼마 지나지 않아 태양은 핵융합 반응*을 시작해 주계열성의 상태가 되었습니다. 약 50억 년 후까지 이 상태입니다.

적색거성
50억 년 후 이후

태양은 팽창하기 시작하여 현재의 직경 200배 이상, 체적 800배 이상의 거대한 붉은 항성인 적색거성(98쪽)이 됩니다.

행성상 성운

그 후 외측의 가스가 벗겨지고 고리 상태의 가스로 에워싸인 행성상 성운이 됩니다. 최종적으로 가스가 맑아지면 중심에 지구와 비슷한 정도의 크기가 작은 백색왜성(99쪽)이 남습니다.

물도 사라져 버린대, 어쩌면 좋지?

한여름보다 더 더워진다니 믿을 수가 없네.

용어집 *핵융합 반응=두 개의 원자핵이 융합하여 새로운 원자핵이 만들어지는 반응.

제2장
우주 관측
Space observation

와타나베 박사의 요점 설명

17세기 초부터 인류는 망원경을 만들어 우주 관측을 진행해 왔습니다. 이탈리아 과학자 갈릴레오 갈릴레이*(57쪽)는 직접 만든 망원경으로 달을 상세히 관측했다고 하죠. 21세기 현재는 세계 각지에 대형 망원경이 건설되고 있으며 우주에도 망원경을 쏘아 올려 보내고 있습니다. 지상의 망원경이든 우주로 쏘아 보낸 망원경이든 그 성능은 기본적으로 '구경'으로 결정되는데, 구경이란 망원경의 렌즈나 반사경의 크기를 말합니다. 기본적으로 이 구경이 크면 클수록 먼 곳의 천체를 포착할 수 있습니다. 제2장에서는 우주 관측을 할 때 활약하는 여러 가지 망원경을 소개합니다.

허블 우주망원경

`근적` `가시` `자외선`

기초 데이터
- 자외선, 가시광선, 적외선을 관측합니다.
- 1990년 4월 24일 발사. 1990년 운용 시작.
- 2021년에 적외선을 쓰는 제임스 웹 우주망원경으로 대체될 예정.

용어집 *갈릴레오 갈릴레이=이탈리아의 과학자. 지구를 중심으로 우주가 돌고 있다는 천동설이 믿어졌던 시대에 지구가 태양을 중심으로 돌고 있다는 지동설을 지지했던 인물.

파장에 대해서

천체에서 오는 빛(전자파)은 파장에 따라 종류가 구분됩니다. 파장이 긴 쪽에서부터 낮은 쪽으로 전파, 적외선(원적외선, 근적외선), 가시광선*, 자외선*, X선, γ선(감마선)입니다. 이 가운데 사람의 눈으로 볼 수 있는 것은 가시광선뿐입니다. 하지만 다른 파장도 관측해 보면 여러 가지 상황이 보입니다. 아래 아이콘은 그 망원경이 어떤 파장을 사용해서 관측하고 있는지를 나타냅니다.

| 전파 | 원적 | 근적 | 가시 |
| 자외선 | X | γ |

허블이 포착한 우주

목성

1994년 슈메이커-레비 제9혜성이 목성에 충돌했습니다(55쪽). 허블 우주망원경은 목성에 남겨진 충돌 흔적(왼쪽 사진의 갈색 부분)을 촬영했습니다.

중력 렌즈 효과

은하가 모이면 그 커다란 중력으로 공간이 굴절되어 보입니다(왼쪽 사진의 세로로 뻗은 빛). 상대성 이론*에서 예언되었던 것으로 허블 우주망원경에 의해 많은 사례가 확인되었습니다.

지구 밖에서 우주를 보다

밤하늘을 올려다보면 별이 깜빡이는 것처럼 보이는 이유는 지구를 뒤덮고 있는 대기*(30쪽)가 흔들리는 것이 원인입니다. 실제로 별의 빛이 변화하고 있는 것이 아니므로 정확한 관측이 어렵습니다. 그래서 "대기가 없는 우주로 망원경을 쏘아 올리면 지금까지 보지 못했던 천체를 관측할 수 있을 것!"이라고 과학자들은 생각했습니다. 그리고 1990년대부터 쏘아 올린 우주망원경의 대표격이 '허블 우주망원경'입니다.

허블 울트라-딥 필드

우주 탄생에서 불과 8억 년 후에 생긴 은하를 촬영했습니다. 이 관측으로 은하가 성장하는 모습 등이 분명하게 밝혀졌습니다.

허블의 역사

1990년에 쏘아 올린 허블 우주망원경은 1993년에 이루어진 최초의 개보수로 새로운 카메라가 탑재되면서 그 성능이 한층 더 향상되었습니다. 2회째 개보수는 1997년에 이루어졌는데 폭넓은 파장의 빛을 관측할 수 있는 장치 등이 설치되었습니다.

허블을 개보수하는 우주 비행사

현재의 허블

여러 차례의 개보수를 통해 허블 우주망원경은 성능을 높여 왔습니다. 2009년에 이루어진 개보수에서는 태양 전지 패널이 더욱 작으면서도 성능이 좋은 것으로 교체되었습니다.

용어집 *가시광선=사람의 눈으로 감지할 수 있는 빛. *자외선=태양의 빛에 포함된 눈에 보이지 않는 광선. *상대성 이론=물리학의 이론 중 하나.
*대기=지구 등의 행성이나 위성 주위를 둘러싸고 있는 기체.

자, 우주를 봐 보자
가정에서 즐기는 천체 관측

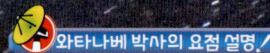
와타나베 박사의 요점 설명!

"직접 더 자세히 별을 보고 싶다!"는 사람은 쌍안경이나 천체망원경을 준비하세요. 그것으로 밤하늘을 들여다보면 육안으로 볼 수 없었던 경치가 눈앞에 펼쳐질 겁니다. 화창하게 맑은 날, 거리의 불빛이나 집안의 불빛과 떨어진 장소에서 눈을 어둠에 익숙하게 한 후 천체 관측에 도전해 보세요. 아름다운 별들이 여러분을 기다리고 있을 거예요!

입문자는 쌍안경

'천체 관측'이라고 하면 '천체망원경'을 생각하는 사람이 많겠지요. 하지만 쌍안경으로도 밤하늘을 즐길 수 있습니다. 육안으로는 보이지 않는 별들을 확인하거나 달의 커다란 크레이터, 산개성단* 등도 쌍안경으로 볼 수 있습니다. 휴대가 간편하고 시야도 넓고 게다가 보이는 상이 정립(육안으로 보는 것과 같은 방향)입니다. 구경 40~50mm 정도의 대물렌즈가 있고 배율이 7~10배 정도까지의 것을 추천합니다.

쌍안경 사용 방법

쌍안경으로 천체를 볼 때는 시야를 안정시키는 것이 중요합니다. 기본은 옆구리를 딱 붙이고 확실하게 잡는 것입니다.

장시간 관찰할 때는 받침대나 펜스 등에 팔꿈치를 두어 고정합니다. 이 방법으로도 시야를 안정시킬 수 있습니다.

간편한 굴절망원경

달의 자세한 지형이나 토성, 목성 등을 보고자 한다면 '굴절망원경'을 추천합니다. 지구에 근접하는 혜성의 머리 부분 등도 관찰할 수 있습니다. 구경 60~80mm의 대물렌즈가 있는 것이 좋겠지요. 쌍안경과는 달리 보이는 상이 상하 반대인 도립상이 되는 것도 있으므로 주의가 필요합니다. 파인더(측면에 장착된 작은 망원경)를 조절해 별을 발견한 후 망원경을 들여다보세요.

굴절식의 구조

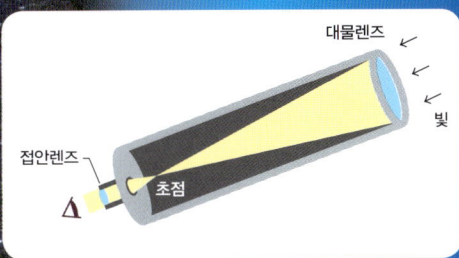

통 선단에 대물렌즈가 장착되어 있습니다. 그 대물렌즈로 천체의 빛을 모읍니다. 그 빛을 접안렌즈로 보는 구조입니다. 예를 들면 확대경으로 빛을 모으는 것과 비슷합니다.

본격적인 반사망원경

성운*(112쪽)이나 성단*(110쪽)과 같은 천체를 관찰하려면 '반사망원경'을 추천합니다. 초보자에게는 구경 100~150mm의 것이 적합합니다. 단, 반사망원경은 접안렌즈가 천체와 90도 다른 방향으로 붙어 있는 등으로 인해서 조작할 때는 어느 정도의 경험이 필요합니다. 또한, 더욱 성능이 좋고 비싼 것으로는 굴절식과 반사식 양쪽을 합한 '반사굴절(Catadioptric)식'이라는 천체망원경도 있습니다.

반사식의 구조

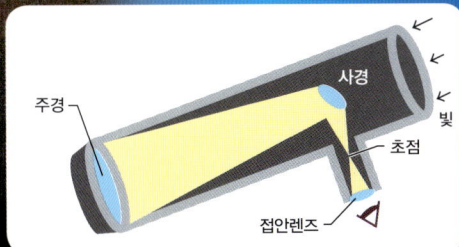

넓은 경통 끝에 거울(주경)이 붙어 있습니다. 그 거울로 빛을 모아 반사시키고 그것을 또 작은 거울(사경)로 반사시켜 접안렌즈에 상을 전달합니다. 스바루 망원경(86쪽)에는 이 방식이 사용되었습니다.

용어집 *산개성단=수십 개에서 1,000개 정도까지 완만하게 모여 있는 별의 집단. *성운=가스와 먼지의 구름으로 여기서 별이 탄생한다. *성단=별의 집단을 말함.

계절이 바뀌면 밤하늘도 바뀐다
별자리 보기

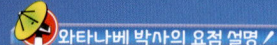
와타나베 박사의 요점 설명!

밤하늘의 밝은 별들은 예부터 동물이나 신화의 등장인물 등의 모습을 나타내는 별자리로서 사랑받아 왔습니다. 북반구의 별들은 북극성을 중심으로 동쪽에서 서쪽으로, 지구의 자전*에 의해 1시간에 15도, 공전*에 의해 1일에 약 1도, 시간과 더불어 이동하며 1년 동안 한 바퀴를 돕니다. 계절과 더불어 바뀌어가는 밤하늘의 표정을 살펴볼까요.

봄

5월 20일: 20시경의 밤하늘

포인트!

봄철 별자리에서 가장 눈에 띄는 것은 약간 북쪽 방향에 있는 북두칠성입니다. 국자 모양을 한 2등성과 3등성으로 이루어진 7개의 별로 큰곰자리의 일부입니다. 그리고 북쪽을 향해 눈높이에서 주먹 세 개만큼의 높이에 1년을 통틀어 거의 위치가 바뀌지 않는 작은곰자리 북극성을 볼 수 있습니다.

★ 등급 ★
- 1등성
- 2등성
- 3등성
- 4등성
- 5등성
- 변광성

★ 기호 ★
- 은하
- 산광성운
- 산개성단
- 구상성단

★유성 체크!
'물병자리 η(에타) 유성군'

이른 아침 동쪽 하늘을 중심으로 유성을 확인할 수 있습니다. 매년 5월 6일경에 가장 많이 보이는데 그 수는 적지만 꽤 볼만한 유성군입니다. 또한, 남반구에서는 연간 최대수를 자랑하는 유성군입니다. 황금연휴를 이용해 남반구를 찾아가 즐겨 보는 것은 어떨까요? 이 시기에는 은하수도 아름답습니다.

★랜드마크!
'봄의 대곡선'

북쪽 하늘에서 북두칠성을 찾았다면 그 국자 손잡이의 곡선을 따라 남쪽으로 손가락을 뻗어 보세요. 목동자리의 아르크투루스, 그리고 거기서 더 뻗으면 처녀자리의 스피카를 발견할 수 있습니다. 이것이 봄의 표시인 '봄의 대곡선'입니다. 그 밖에 봄에는 사자자리의 레굴루스가 1등성으로 밝게 반짝입니다.

용어집 *등급=천체의 밝기 단계를 나타내는 수치.

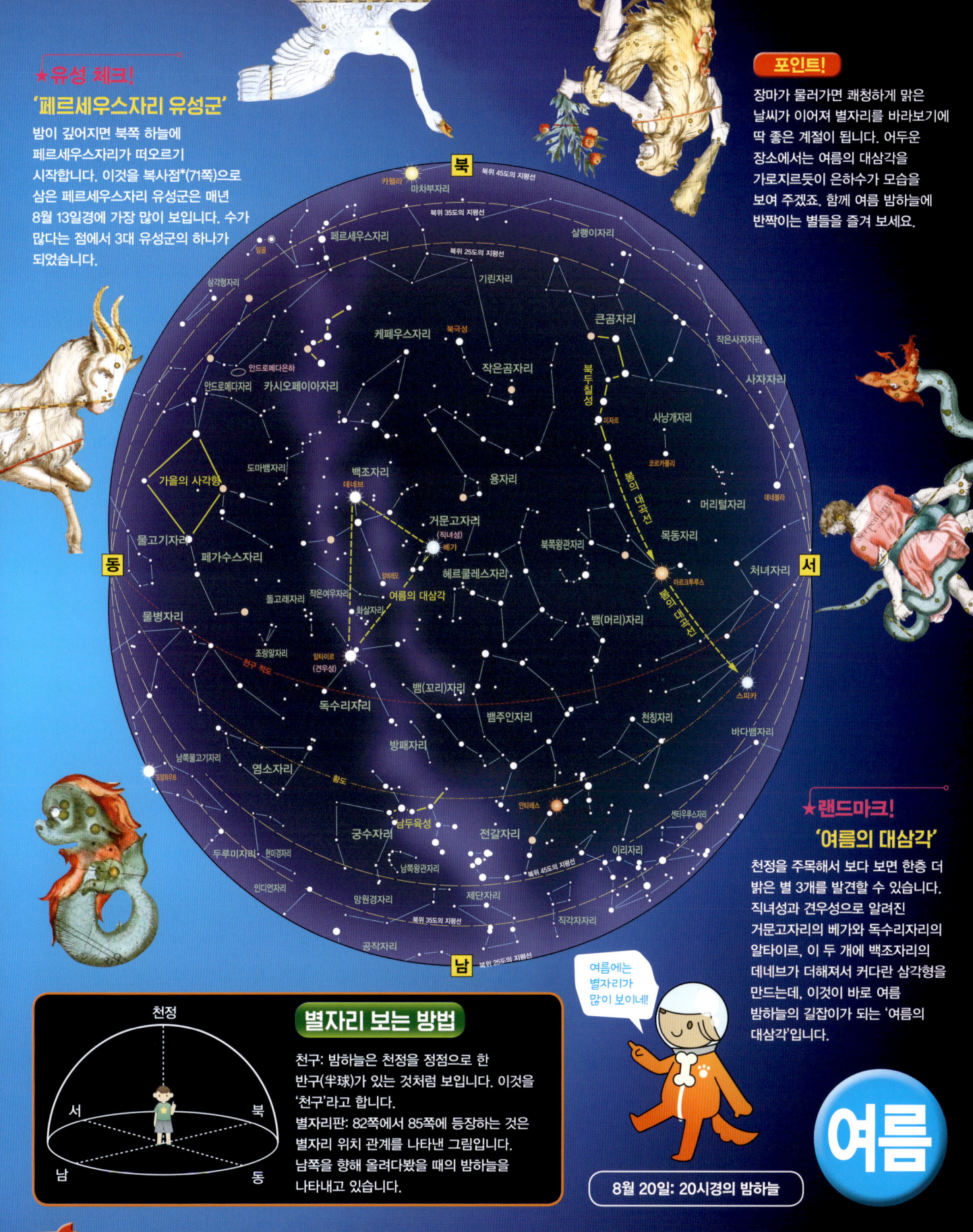

가을

별자리 보기

11월 20일: 20시경의 밤하늘

★랜드마크
'가을의 사각형'

가을철 밤에 천정을 올려다보면 하늘 높이 4개의 별이 약간 일그러진 사각형을 그리고 있는 모습을 볼 수 있습니다. 가을을 대표하는 별자리, 하늘을 달리는 페가수스를 그린 페가수스자리의 일부로 '가을의 사각형' 또는 '페가수스 사각형'이라고 불리고 있습니다.

포인트!

가을이 되면 밤하늘도 조금씩 차분한 빛으로 물들어갑니다. 신화로 유명한 페가수스자리, 페르세우스자리, 안드로메다자리 등, 로맨틱한 별자리를 볼 수 있습니다.

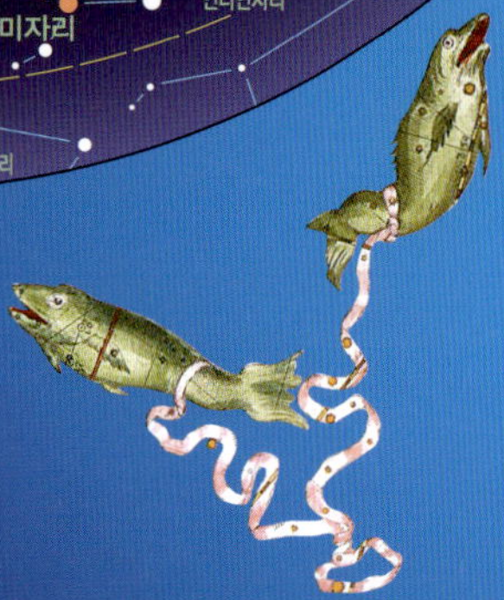

우주와 인간
별자리는 언제 생겼을까?

밤하늘의 별을 다양한 형태로 연결한 '별자리'. 고대 이집트 유적에도 별자리가 그려져 있습니다. 우리가 흔히 알고 있는 별자리의 대부분은 수천 년 전에 메소포타미아에서 탄생하여 고대 그리스에서 발달한 것으로 2세기경의 천문학자 프톨레마이오스가 48개로 정리하였습니다. 그 이후에도 별자리는 많이 만들어졌는데 현재는 정식으로 88개가 정해져 있습니다.

별자리가 새겨진 수천 년 전의 돌.

★유성 체크!
'황소자리 유성군'

한 달 반이라는 긴 기간에 걸쳐 관측할 수 있는 유성군입니다. 밝은 유성이 천천히 흐르는 것이 특징입니다. 11월 상순에는 볼 수 있는 유성의 수가 증가합니다.

'10월 용자리 유성군과 사자자리 유성군'

해에 따른 변화가 큰 유성군입니다. 대규모 유성우(流星雨)가 될 때도 있는가 하면 거의 관측되지 않는 해도 있습니다. 10월 용자리 유성군은 10월 9일경, 사자자리 유성군은 11월 18일경에 유성이 가장 많이 보입니다.

'오리온자리 유성군'

이 유성군은 오리온자리의 오른팔 근처에서 흐릅니다. 어두운 유성이 중심이지만, 때때로 밝게 빛나는 유성도 나타납니다. 10월 21일경에 유성이 가장 많이 보입니다.

★랜드마크
'겨울의 대삼각'과 '겨울의 다이아몬드'

겨울철 밤하늘에서 우선 모래시계와 같은 형태의 오리온자리를 찾아보세요. 그리고 그 왼쪽 위에 있는 베텔게우스(98쪽)를 정점으로 삼아 동쪽에 보이는 프로키온, 남쪽에 보이는 시리우스를 연결하면 겨울의 길잡이인 삼각형이 그려집니다. 또, 프로키온, 시리우스에 더해 오리온자리의 리겔, 쌍둥이자리의 폴룩스, 마차부자리의 카펠라, 황소자리의 알데바란을 연결하면 전부 1등성으로 이루어진 '겨울의 다이아몬드'를 볼 수 있습니다.

★유성 체크!
'쌍둥이자리 유성군'

하룻밤 사이에 볼 수 있는 유성의 수가 가장 많은 것이 이 유성군입니다. 매년 12월 14일경에 가장 많이 볼 수 있으며 조건이 좋으면 1시간에 100개 가까운 유성이 출현합니다.

'사분의자리 유성군'

매년 1월 4일경에 가장 잘 볼 수 있으며 짧은 시간에 집중해서 유성이 출현하기 때문에 해에 따라 볼 수도 못 볼 수도 있습니다. 여름의 페르세우스자리 유성군, 겨울의 쌍둥이자리 유성군과 더불어 3대 유성군의 하나입니다.

포인트!

일 년 중 가장 공기가 맑은 겨울 하늘은 밤이 되면 별들이 아름답게 빛을 발하여 마치 보석 상자와 같습니다. 밖이 춥기는 하겠지만, 일 년 중 가장 별자리 관찰을 즐길 수 있는 시기입니다.

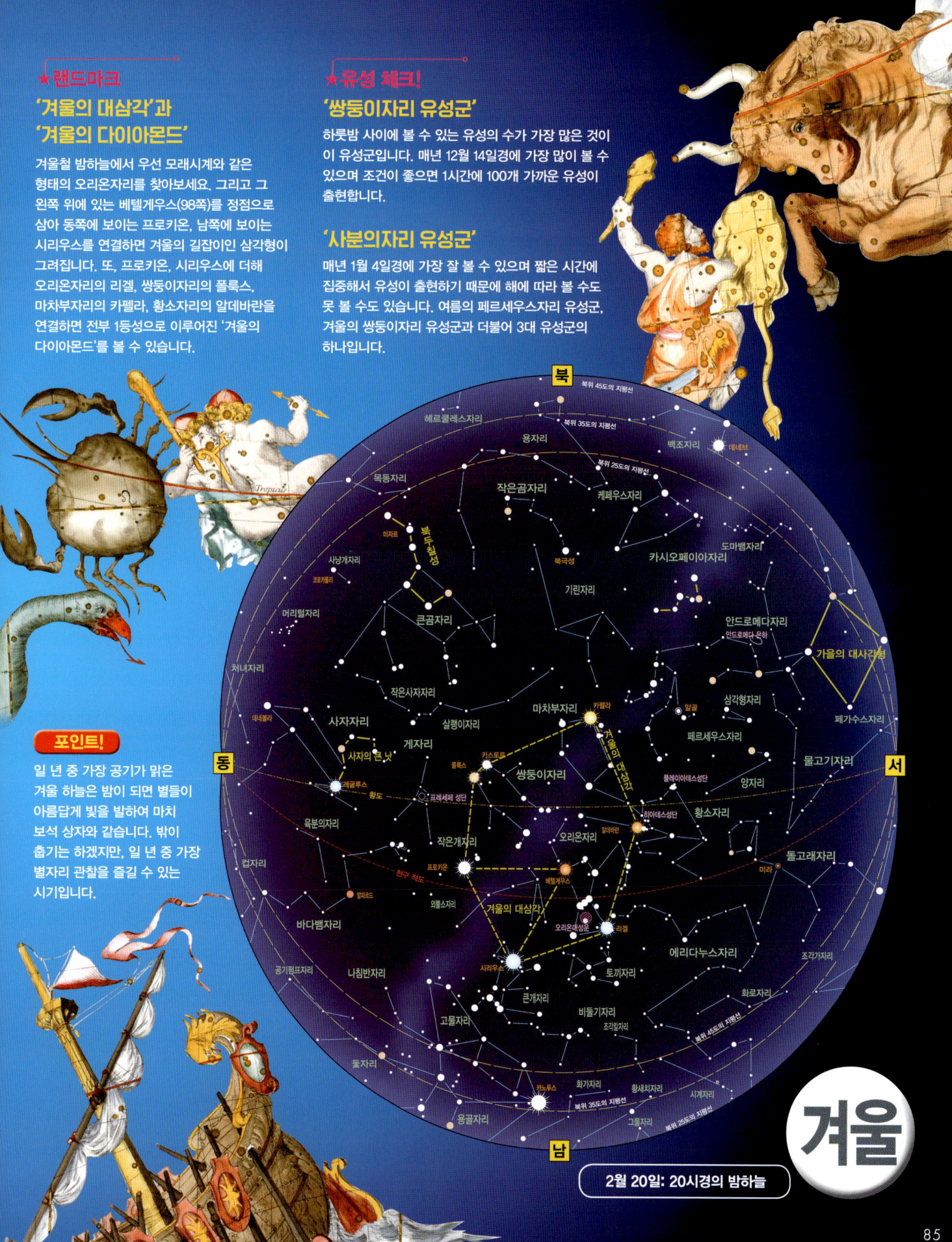

2월 20일: 20시경의 밤하늘

겨울

일본이 자랑하는 망원경
스바루

스바루 망원경 근적 가시

기초 데이터
- 가시광선, 근적외선을 관측합니다.
- 1999년 운용 시작.

일본의 국립 천문대가 운용하고 있는 대형 망원경입니다. 구경은 8.2m로 세계 최대급. 그 밖에도 고성능 센서와 카메라 등을 장착하고 있습니다.

레이져 나오는 것 좀 봐!

멋진걸!

와타나베 박사의 요점 설명

20세기 초부터 구경이 큰 거울을 가진 반사망원경이 만들어지게 되었습니다. 굴절망원경의 경우는 최대 1m 정도의 구경이 한계인데, 반사망원경은 굴절망원경보다 큰 것을 만들기 쉽거든요. 예를 들면 일본의 국립 천문대가 미국 하와이의 마우나케아 산꼭대기에서 운용하고 있는 '스바루 망원경'(반사망원경)은 8.2m의 구경을 가지고 있습니다. 최근의 대형 망원경은 모두 반사망원경(81쪽)입니다. 우주의 허블 망원경(구경 2.4m)과 비교해서 넓은 시야를 가지고 있다는 점이 스바루 망원경의 특징입니다.

스바루의 내부

천체에서의 빛을 주경으로 반사하여 주초점(부경)에서 상을 연결합니다. 스바루 망원경의 주경은 구경이 8.2m나 되는 거대한 한 장의 거울로 이루어져 있습니다. 이것은 세계 최대급입니다. 부경을 통해서는 한층 여러 개의 관측 장치에 빛이 보내어집니다. 우리 눈으로 볼 수 있는 '가시광선'뿐 아니라 더욱 파장이 긴 '근적외선'도 관측할 수 있지요.

하늘을 향해서 레이저를 쏜다!

보상 광학 장치

밤하늘을 올려다보면 별이 깜빡이는 것처럼 보입니다. 이것은 지구의 대기*에 의한 흔들림이 원인입니다. 그 때문에 지상의 망원경이 정확한 관측을 하기는 어려운 것으로 여겨지고 있습니다. 하지만, 스바루에는 '보상 광학 장치'가 달려 있습니다. 이 장치가 내보내는 레이저에 의해 인공의 별을 밤하늘에 만들어내고 그것을 토대로 조정하는 것으로 대기의 흔들림으로 인한 영향을 제거하는 것이지요.

안드로메다은하

왼쪽이 스바루 망원경, 오른쪽이 허블 우주망원경으로 촬영한 안드로메다은하(122쪽)의 일부입니다. 레이저를 사용하면 우주망원경보다 더 또렷하게 관측할 수 있습니다.

스바루 망원경

케크 망원경

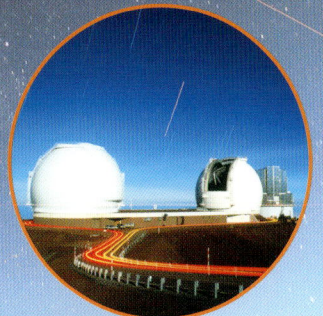

미국의 대형 망원경. 구경 10m의 망원경 2대가 나란히 있습니다.

망원경이 높은 곳에 있는 이유

하와이의 마우나케아 산은 표고 4,205m. 가까이에 대도시가 없고 공기가 건조해서 쾌청한 날이 많기 때문에 그 산의 정상은 세계 유수의 천체 관측을 위한 장소가 되고 있습니다. 그래서 일본 이외에도 세계 여러 곳에서 13대의 망원경이 모여들어 관측을 실시하고 있습니다.

VLT 가시

구경 8.2m의 망원경 4대로 구성되어 있습니다. 칠레 북부 아타카마 사막의 파라날 산 정상 표고 2,635m에 유럽 남방 천문대가 건설했습니다.

LBT 근적 가시

거대 쌍안 망원경(LBT)은 구경 8.4m의 거울을 2대 가지고 있으며 미국 애리조나주에 있는 표고 3,260m의 그레이엄 산에서 운용되고 있습니다. 근적외선에서의 화상은 허블보다 10배 선명하게 볼 수 있습니다.

 *대기=지구 등의 행성이나 위성 주위를 둘러싸고 있는 기체.

전파망원경의 신성
ALMA(알마)

사막에 늘어선 안테나
칠레에 있는 표고 5,000m의 아타카마(Atacama) 사막에 일본, 미국, 유럽 각국이 협력하여 건설한 ALMA(알마)가 2011년부터 시험 운용을 시작했습니다. ALMA는 파라볼라 안테나 66대를 조합한 전파망원경입니다. 아타카마 사막은 전파 관측에 적합한 장소로, ALMA는 우주가 탄생했을 무렵의 은하나 별의 관측에 도전하게 됩니다.

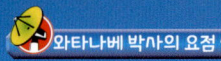
와타나베 박사의 요점 설명!

TV 프로그램이나 위성 방송을 보려면 방송국이 보내는 전파를 안테나로 포착해야 합니다. 사실 우주에 있는 천체에도 별의 재료가 되는 가스나 먼지 등 전파를 내보내는 것이 있습니다. 거대한 안테나인 전파망원경을 사용하면 이들 천체의 모습을 포착할 수 있지요. 가시광선*의 눈으로 보는 우주와는 또 다른 우주를 관찰하는 전파망원경을 소개합니다.

전파로 보는 우주

은하의 제트
위 사진은 센타우루스자리에 있는 은하를 전파와 가시광선을 포착하여 합성한 화상입니다. 이러한 은하 사이즈를 훨씬 웃도는 우주 제트*(126쪽)를 내보내는 전파은하*(127쪽)의 관측에도 전파는 도움이 되고 있습니다.

전파를 통해 보이는 몬스터 은하
붉게 보이는 부분은 전파로 포착한 몬스터 은하라고 불리는 우주 초기의 은하입니다. 보통 은하의 수백에서 1,000배 넘는 기세로 별을 만들어 내고 있습니다.

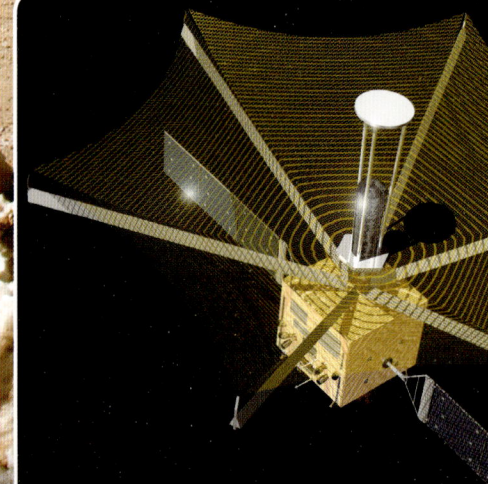

용어집 *가시광선=사람의 눈으로 감지할 수 있는 빛. *우주 제트=블랙홀, 원시별, 전파은하 등에서 내뿜는 플라스마 등의 가스.
*전파은하=강한 전파를 내보내는 은하.

ALMA가 포착한 은하

오른쪽 두 개의 사진은 더듬이은하*(125쪽)입니다. 오른쪽은 ALMA가 별의 재료가 되는 가스(빨간 부분과 노란 부분)를 포착한 것으로 이 물질들이 많은 장소에서는 별이 태어납니다. 왼쪽 사진과 같이 허블 우주망원경(78쪽)이 포착한 가시광선의 푸른 별 사진과 합성하여 가스도 포함한 은하의 전체상을 확실히 알 수 있게 되었습니다.

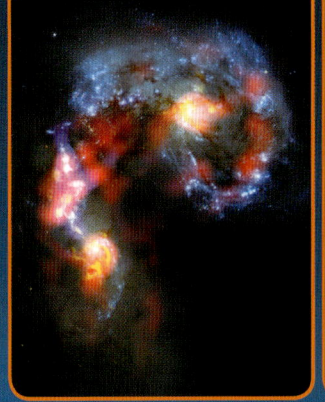
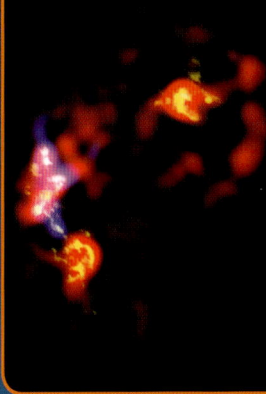

ALMA 전파

기초 데이터
- 전파를 관측합니다.
- 2011년 운용 시작.
- 시설 전체가 직경 18.5km나 되며, 각각을 연결하면 하나의 거대한 전파망원경으로써 기능합니다.

하루카 우주망원경 전파

1997년 JAXA*가 쏘아 올린 전파망원경 '하루카'는 아래 그림과 같이 지상의 망원경과 연동하여 3만 km나 되는 커다란 구경을 실현. 우주 제트 등의 관측 시에 활약하고 있습니다.

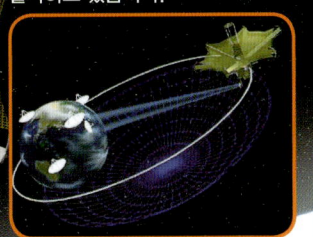

SPT 전파

북아메리카의 연구 기관에 의해 남극점에 건설된 구경 10m의 전파망원경입니다. 전파도 가시광선과 마찬가지로 대기*가 옅고 또 저온의 장소일수록 관측하기 쉽습니다. 그래서 산 위나 남극, 그리고 우주가 관측 장소로써 뛰어납니다.

용어집
*더듬이은하=두 개의 은하가 충돌하여 곤충의 더듬이와 같이 팔을 뻗고 있다. *대기=지구 등의 행성이나 위성 주위를 둘러싸고 있는 기체.
*JAXA=일본 우주항공연구개발기구.

별의 탄생을 보는 적외선망원경
스피처

와타나베 박사의 요점 설명!

빛에는 여러 가지 파장이 있습니다. 1960년대 오리온 대성운(112쪽) 안에 적외선으로밖에 확인할 수 없는 천체가 발견되었지요. 적외선은 주로 온도가 낮은 천체가 발하는 빛입니다. 그러므로 주로 별의 탄생을 관측하는 데 사용되는데, 갓 태어나서 아직 구름 안에 숨어 있기 때문입니다. 일부의 적외선은 지상에서도 관측할 수 있지만 대기에서 흡수되는 부분도 큽니다. 그래서 본격적인 관측에는 우주망원경이 필요합니다. NASA가 쏘아 올린 스피처 우주망원경이 바로 그 대표라고 할 수 있습니다!

드래건 피시 성운(Dragonfish Nebula)
스피처 우주망원경이 관측한 별 형성 영역*입니다. 눈알처럼 보이는 유달리 밝은 별은 아기별로 보입니다.

협력하는 망원경들
스피처 우주망원경, 아카리 우주망원경, 그리고 스바루 우주망원경(86쪽)이 협력하여 외계 행성*(114쪽)이 탄생하려는 모습을 포착했습니다. HD 165014라는 별 둘레에 강한 적외선을 발하는 먼지와 가스로 이루어진 원반을 발견한 것입니다. 광대한 우주를 앞에 두고 망원경들은 서로 협력하면서 그 수수께끼에 도전하고 있습니다.

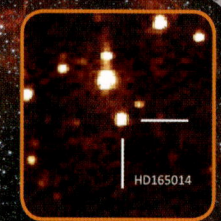
HD165014

아카리 우주망원경
JAXA가 쏘아 올린 적외선망원경입니다. 넓은 범위의 적외선을 관측할 수 있으며 나이 든 별이나 데워진 가스와 먼지도 관측할 수 있습니다.

원적 **근적**

기초 데이터
· 적외선을 관측합니다.
· 2006년 운용 시작.
· 2011년 11월 24일에 운용 종료.

우주의 대규모 구조를 포착한
2MASS 프로젝트

멀리 있는 천체일수록 지구에 닿는 빛의 파장이 길어집니다. 이것을 이용해 지구에서의 거리를 알 수 있습니다. 2MASS 프로젝트에서는 다수의 지상 적외선망원경이 협력하여 우주의 대규모 구조*(133쪽)를 밝혔습니다.

용어집 *별 형성 영역=가스나 먼지가 모여 별이 탄생하려고 하는 장소. *외계 행성=태양이 아니라 다른 항성 둘레를 도는 행성.
*우주의 대규모 구조=우주에서는 은하가 거대한 거품처럼 분포하고 있다는 것을 말함.

스피처 우주망원경

기초 데이터
- 적외선을 관측합니다.
- 2003년 8월 25일 발사. 2003년 운용 시작. 2009년에 냉각용 액체 헬륨이 소진되어서 관측 능력이 떨어지고 있습니다.

외뿔소자리
WISE가 관측한 외뿔소자리의 성운 Sh2-284입니다. 중심에 젊고 질량*이 무거운 별이 있어 주변의 성간 분자구름*을 날려 보내고 있습니다.

WISE
2009년에 NASA가 쏘아 올린 적외선망원경. 질량이 작은 갈색왜성* 등, 적외선밖에 발하지 않는 천체 등을 관측하고 있습니다.

우주의 구멍
암흑성운*(113쪽)으로 여겨졌던 NGC 1999의 검은 영역은 허셜 우주망원경의 관측을 통해 아무것도 없는 공간이라는 사실이 밝혀졌습니다.

허셜 우주망원경
ESA(유럽우주기구)의 우주망원경입니다. 구경은 3.5m로 원적외선의 관측에 적합합니다.

기초 데이터
- 적외선을 관측합니다.
- 2009년 5월 14일 발사.

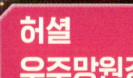

천체 카탈로그
적외선은 가시광선*보다 물체 내부를 통과해서 전달되므로 가시광선으로는 보이지 않는 영역도 관측할 수 있습니다. 아카리 우주망원경은 적외선으로 하늘 전체의 96% 이상 약 130만 개의 천체를 관측하여 천체 카탈로그를 작성했습니다.

소행성 카탈로그
적외선을 사용해 가시광선으로는 좀처럼 관측하기 어려운 소행성*을 포착할 수 있습니다. 아카리 우주망원경은 5,120개의 소행성을 관측하여 소행성의 크기와 표면의 성질을 조사해서 소행성 카탈로그를 작성했습니다.

소행성대(53쪽)

*질량=물체가 가지고 있는 물체 고유의 양. *성간 분자구름=별과 별 사이에 있는 저온, 고밀도의 가스 구름. 이 안에서 항성이 태어난다.

 *갈색왜성=질량이 너무 작아서 핵융합이 일어나지 않아 항성에도 행성에도 들어가지 못하는 천체. *암흑성운=빛을 차단해서 검게 떠오르는 것처럼 보이는 성운. *가시광선=사람의 눈으로 감지할 수 있는 빛. *소행성=태양을 공전하는 작은 천체.

블랙홀을 찾아라!
X선망원경

찬드라 우주망원경

기초 데이터
- X선을 관측합니다.
- 1999년 운용 시작.

NASA가 쏘아 올린 X선망원경으로 매우 정밀도가 높은 관측 성능을 가지고 있습니다.

와타나베 박사의 요점 설명!

X선은 뢴트겐 등에도 사용되는 방사선입니다. 과거 우주로 쏘아 올린 로켓이 예상외로 강한 X선을 확인한 바가 있지요. 그래서 1970년대부터 우주망원경으로 본격적인 관측을 시작했습니다. 지금은 X선을 내보내는 천체에서 블랙홀*(106쪽)이나 활동 은하핵*(126쪽), 초신성 잔해*(104쪽) 등이 다수 발견되고 있습니다. 또, X선도 대기*에서 흡수되어 지상에서는 관측할 수 없기 때문에 우주망원경이 필요한 것입니다.

궁수자리 A스타

궁수자리 A스타는 은하계 중심에 있는 거대 블랙홀이라고 추측됩니다. 찬드라 우주망원경의 관측을 통해 이 거대 블랙홀 주위에서 별이 탄생하고 있다는 것이 밝혀졌습니다.

스자쿠 우주망원경

2005년에 JAXA가 쏘아 올린 X선망원경입니다. 폭넓게 X선의 파장을 관측할 수 있습니다.

해파리 성운

무거운 별이 그 일생을 마치는 순간 폭발하며 남긴 초신성 잔해를 스자쿠 우주망원경이 포착했습니다. 분석 결과 폭발 당초는 주위의 온도를 1억 ℃까지 높였다는 사실도 밝혀졌습니다.

용어집 *블랙홀=강력한 중력으로 인해 물질도 빛도 탈출할 수 없는 천체. *활동 은하핵=매우 밝은 은하의 중심핵을 말함.
*초신성 잔해=초신성 폭발 후에 남은 성운 상태의 천체. *대기=지구 등의 행성이나 위성 주위를 둘러싸고 있는 기체.

불가사의한 현상에 다가가다
감마선망원경

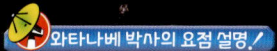
와타나베 박사의 요점 설명!

1960년대에, 지구상에서 이루어졌던 핵실험을 관측하기 위한 위성이 발사되었습니다. 이때 이 위성은 우연히도 지구 밖의 강한 감마선을 확인하게 됩니다. 감마선은 X선보다도 파장이 짧고, 역시나 대기에서 흡수되는 방사선입니다. 그렇다면 우주망원경이 나서야겠지요. 감마선 버스트*는 우주의 한 점에서 수십 초 정도만 찾아오는 현상으로 매우 무거운 별의 폭발 등이 관여하고 있는 것으로 보고 있습니다. 그런데 발생원이나 구조는 현재 알려지지 않았습니다.

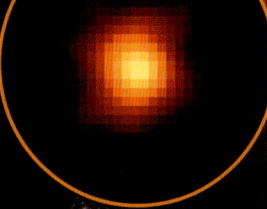
GRB 090429B
2009년에 스위프트 우주망원경이 관측한 감마선 버스트. 지구에서 131억 4,000만 광년* 거리에서 일어난 것.

스위프트 우주망원경 가시 자외선 X Y

기초 데이터
- 감마선 버스트의 관측 위성.
- 2004년 11월 20일에 발사. 2004년 운용 시작.

감마선 버스트는 길어도 수십 초 정도의 단시간의 현상입니다. 그래서 스위프트 우주망원경은 감마선 버스트를 감지하면 자동으로 관측을 하도록 만들어졌습니다.

중성미자와 중력파의 관측

슈퍼 가미오칸데
— 작업 중인 사람
초신성 폭발이 일어나면 중성미자*라는 매우 작은 입자가 날아옵니다. 기후현의 가미오카 광산 지하에 만들어진 관측 시설에서는 이 중성미자라는 입자를 관측하여 별의 폭발 메커니즘을 밝히려 하고 있습니다.

중력파
초신성 폭발이 일어나거나 매우 무거운 별이 합체하면 공간이 뒤틀리고 그 뒤틀림이 물결처럼 퍼져 갑니다. 이것을 '중력파'라고 합니다. 상대성 이론*에서 그 존재가 예언되기는 했지만 아직 발견되지는 않습니다.

카그라(KAGRA)
길이 3km나 되는 이 관측 장치는 가미오카 광산 지하에 건설 중입니다. 세계 최초의 중력파 검출에 기대가 모아지고 있습니다.

용어집
*감마선 버스트=강력한 감마선이 매우 짧은 시간에 폭발적으로 방사되는 현상.
*광년=천문학에서 사용되는 거리의 단위. 1광년은 빛이 1년간 진행하는 거리로 약 9조 4,600억 km.
*중성미자=물질 등을 구성하는 최소 단위라고 볼 수 있는 소립자의 하나. *상대성 이론=물리학 이론의 하나.

새로운 망원경의 등장!

차세대 망원경

와타나베 박사의 요점 설명!

세계 여러 연구 기관이 서로 앞다퉈 대형 망원경의 건설을 추진했던 시절이 있었습니다. 그런데 현재는 여러 가지 초대형 망원경을 여러 나라가 협력해서 건설하고 있지요. 이들 새로운 망원경이 운용되기 시작하면 틀림없이 새로운 사실들이 밝혀지게 되겠죠. 그럼 이제 현재 계획된 지상과 우주 양쪽의 차세대 망원경을 살펴볼까요!

SKA 전파
제곱킬로미터 배열 거대 전파망원경 (Square Kilometer Array)

호주와 남아프리카 두 나라에 2020년 운용 개시를 목표로 수천 대의 안테나가 건설될 예정입니다. 10개 이상의 기관이 참가하고 2조 원을 들여 건설될 계획입니다. SKA에 의해 우주의 시작과 암흑에너지*(140쪽)의 수수께끼가 풀릴 날이 머지않아 올지도 모르겠습니다.

용어집 *가시광선=사람의 눈으로 감지할 수 있는 빛. *외계 행성=태양이 아니라 다른 항성 둘레를 도는 행성.
*암흑에너지=우주 공간에 가득 차 있어서 우주가 팽창하는 기세를 늘리는 작용을 함.

TMT 근적 가시
30미터 망원경
(Thirty Meter Telescope)

미국 하와이 마우나케아 산(87쪽)에 일본을 포함한 국제 프로젝트에서 새로운 망원경을 건설하고 있습니다. 세계 최대의 구경 30m 복합 망원경을 장착하고, 가시광선*과 적외선을 사용해 지금까지의 망원경보다 10배 이상의 빛을 모으는 능력을 지닙니다. 2021년 운용 개시를 목표로 지금까지 보지 못했던 외계 행성*(114쪽)이나 원시 은하의 모습 등, 그 수수께끼를 풀어 줄 것입니다.

E-ELT 근적 가시
유럽 초대형 망원경
(European Extremely Large Telescope)

유럽 남방 천문대는 구경 39.3m의 망원경을 남미 칠레에 건설하는 계획을 진행하고 있습니다. 현재 계획된 세계 최대의 광학망원경*으로 2020년대 초반 운용 개시를 목표로 하고 있습니다.

GMT 근적 가시
거대 마젤란 망원경
(Giant Magellan Telescope)

구경 8.4m의 거울을 7장 붙여서 구경 24.5m의 성능을 발휘합니다. 또한, 다수의 레이저 가이드 기능도 특징입니다. 2025년 완성을 목표로 남미 칠레에 건설하고 있으며 JWST와 연계한 천체 관측을 주요 목적으로 삼고 있습니다.

SPICA 원적 근적
차세대 적외선 천문 위성

일본이 추진하고 있는 신형 우주 적외선망원경입니다. 구경 3m급의 주경을 이용해 은하 탄생과 행성 형성의 수수께끼에 도전합니다. 지구에서 150만 km 떨어진 우주 공간에서 촬영을 함으로써 지금까지 없었던 성과가 기대되고 있습니다. 2022년 쏘아 올릴 예정입니다.

JWST 근적 가시
제임스 웨브 우주 망원경
(James Webb Space Telescope)

지금까지 우주 관측의 주력을 담당해 왔던 허블 우주망원경의 후속 기기로 NASA가 개발 중입니다. 이번에는 적외선 관측용이 될 전망입니다. 구경 6.5m의 주경을 지니며 발사 후 10년에 걸쳐 세계 최고 수준의 천문 관측 위성이 되는 것을 목표로 삼고 있습니다.

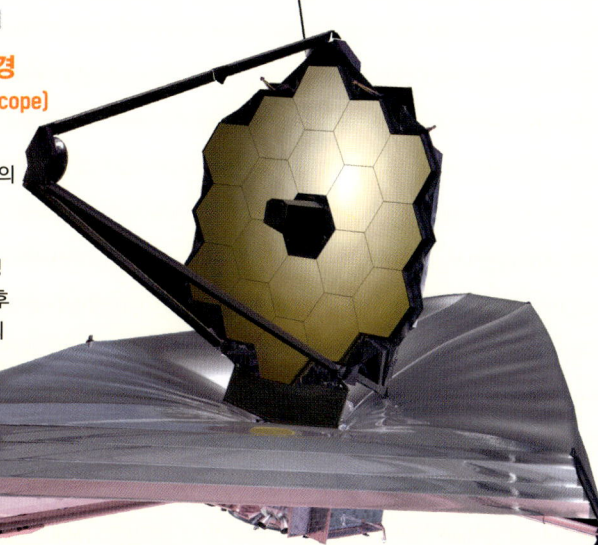

> 세계 사람들이 서로 협력해서 건설하는 중이구나.
>
> 우주는 우리 모두의 로망이니까.

용어집 *광학망원경=렌즈를 조합해서 빛을 모아 보는 망원경. 보통의 천체망원경과 같은 구조.

제3장
항성의 모습
Star

와타나베 박사의 요점 설명!

밤하늘에 반짝이는 별은 눈에 보이는 것만도 6,000개 이상 됩니다. 지구와 같은 행성과는 달리 직접 빛을 발하는 태양과 같은 부류인 '항성'이지요. 은하계* 전체로는 1,000억 개 이상이나 되는 항성이 존재합니다. 여러 가지 유형의 별을 비교하다 보면 탄생에서부터 종말을 맞이할 때까지 오랜 세월에 걸친 역동적인 별의 일생을 볼 수 있습니다.

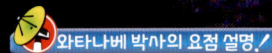
*은하계=우주에 있는 많은 은하 중에서도 인류가 탄생한 지구, 태양계를 포함한 은하를 말함.

궁수자리 항성운

여름이 끝나갈 무렵 남쪽 하늘에 보이는 궁수자리의 둘레는 은하가 가장 굵고 짙어지는 영역입니다. 별이 밀집한 밝은 영역 '항성운(Star Cloud)'을 망원경으로 확대하면 밝기도 색깔도 다양한 많은 별의 무리가 은하수의 정체임을 알 수 있습니다.

별의 거리를 조사

연주 시차

지구가 태양의 둘레를 공전하는 것에 따라 하늘에 보이는 천체의 위치도 마찬가지로 변화합니다. 태양과 지구의 거리는 이미 알고 있으므로 다른 시기에 보이는 모습의 차이(시차)를 사용해 천체까지의 거리를 측정할 수 있습니다. 멀리 있는 천체일수록 시차(視差)는 작아집니다. 이것은 전철이나 차를 타고 이동하면서 지나칠 때 먼 곳의 풍경보다 가까운 곳의 풍경이 차이가 큰 것과 비슷합니다.

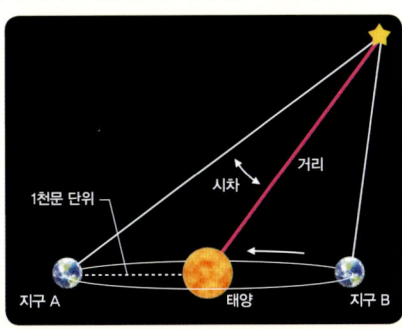

별의 실제 밝기는?

절대 등급

밤하늘의 별은 다양한 밝기로 반짝입니다. 별의 밝기는 '등급'으로 나타내며, 한 등급의 밝기 차이는 약 2.5배입니다. 하지만 별의 진짜 밝기는 눈으로 본 것과 같지 않습니다. 같은 밝기라도 가까이에 있는 별이 밝게 보이게 마련이지요. 같은 거리에 있다고 생각하고 진짜 밝기 즉 '절대 등급'을 조사해 보면, 원래부터 밝은 별도 있고 어두운 별도 있다는 사실을 알 수 있습니다.

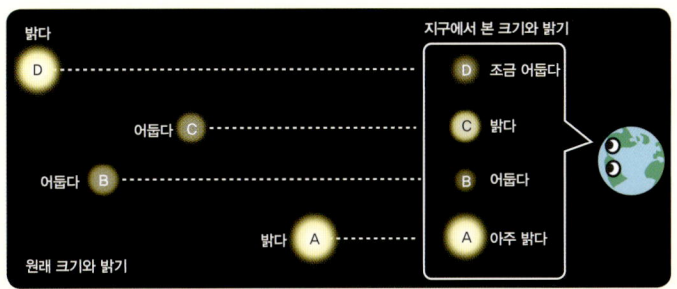

태양계에 가까운 천체와의 거리

오르트의 혜성운*(73쪽)까지 약 1광년이 지금까지 보아 온 태양계의 범위입니다. 그보다 한층 먼 곳에 마침내 가장 가까운 항성이 나타납니다. 남반구의 하늘에서 반짝이는 센타우루스자리 알파별의 동반성* '프록시마'까지의 거리는 대략 4.2 광년*이나 됩니다.

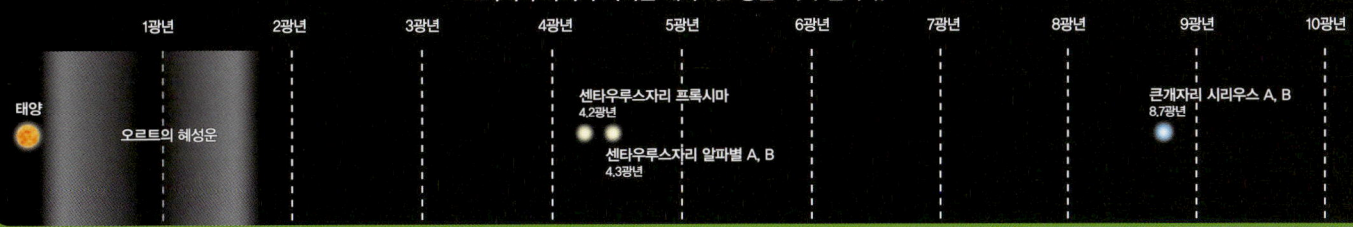

용어집 *오르트의 혜성운=태양계의 끝에 있다고 생각되는 태양계를 감싸듯 에워싸고 있는 천체 무리. *동반성=연성(쌍성)이라고 불리는 두 개의 항성 중 어두운 쪽.
*광년=천문학에서 사용되는 거리의 단위. 1광년은 빛이 1년간 진행하는 거리로 약 9조 4,600억 km.

여러 항성들의 모습
항성의 종류

 와타나베 박사의 요점 설명!

은하계 안에 1,000억 개나 되는 항성, 그 모습은 실로 다양합니다. 같은 태양의 부류라고 해도 그 모습은 크게 다르지요. 색깔이나 크기의 차이에 주목하여 어떤 항성이 있는지 살펴보겠습니다. 그 항성들의 성질은 도대체 어떻게 정해지는 것일까요? 많은 항성을 나열해서 비교해 보면 별의 종류를 나누는 법칙이 보이겠지요!

태양보다 1,000배나 큰 별이 있다

태양은 지구의 109배에 이르는 직경을 지닌 커다란 천체입니다. 하지만 우주에는 그 태양보다 훨씬 더 큰 항성이 있습니다. 태양의 수십 배에서 1,000배 이상의 직경을 지니고 수천 배에서 1만 배나 되는 밝기로 반짝이는 초거성입니다. 오리온자리의 베텔게우스는 태양의 1,000배. 태양계의 목성 궤도*까지 집어삼킬 정도로 팽창될 것으로 여겨지고 있습니다.

적색 초거성 베텔게우스

태양보다 훨씬 질량*이 크고 늙은 초거대 별을 '적색 초거성'이라고 합니다. 오리온자리 오른쪽 위에서 반짝이는 1등성* 베텔게우스는 죽음을 맞이하고 있습니다. 태양보다 20배나 무겁고 매우 불안정한 상태로, 언젠간 초신성 폭발*(104쪽)을 일으킬 것으로 여겨집니다.

- 지구의 궤도
- 수성의 궤도
- 화성의 궤도
- 태양
- 목성의 궤도
- 금성의 궤도

이 페이지 보는 방법
태양과 주요 행성의 궤도, 그리고 뒤에 있는 별 일러스트는 동일한 축척으로 되어 있습니다. 우주에는 태양보다 훨씬 큰 별이 많이 있습니다.

적색거성 알데바란

진화가 진행된 항성은 크게 팽창하여 표면 온도가 내려가면 붉게 반짝이는 것처럼 됩니다. 이러한 별을 '적색거성'이라고 합니다. 겨울 하늘에 반짝이는 황소자리의 1등성 알데바란은 태양의 약 40배나 되는 직경을 지닌 적색거성입니다.

청색 초거성 데네브

'여름의 대삼각'의 하나인 데네브는 태양의 5만 배 이상 되는 밝기의 청색 초거성입니다. 1,000광년 이상 멀리 있으면서 1등성으로써 보일 만큼의 밝기로 반짝입니다.

용어집 *질량=물체가 가지고 있는 물체 고유의 양. *1등성=밝기의 등급이 1등급인 별을 말함.
*초신성 폭발=거대한 항성이 그 일생을 마칠 때 일어나는 대규모 폭발 현상. *궤도=물체가 움직이는 길.

작은 천체들의 크기

초거성이 있는가 하면 태양보다 훨씬 작은 태양계 행성과 비교할만한 천체도 있습니다. 이러한 천체는 태어나면서부터 질량이 작아 항성이 되지 못한 천체이거나 또는 항성이 진화하여 일생을 마친 후에 남은 천체입니다.

 지구

갈색왜성 글리제 229B

우주에서 태어난 모든 천체가 태양과 같이 반짝이는 것은 아닙니다. 태양의 0.04배 정도의 질량밖에 갖지 못한, 이 작고 어두운 천체 글리제 229B는 항성으로서 핵융합 반응*을 일으키기에는 너무 작습니다. 이러한 별을 갈색왜성이라고 합니다.

백색왜성 시리우스 B

태양과 같이 가벼운 별은 일단 적색거성이 된 후 외측의 가스를 잃고 중심핵만 남습니다. 이 백색왜성은 지구 정도의 크기밖에 안 되는 매우 밀도가 높은 천체입니다. 겨울에 반짝이는 시리우스에는 이 백색왜성이 동반성*으로써 함께 돌고 있습니다.

목성

중성자별

태양의 8배 이상 무거운 별은 마지막에 대폭발을 일으킵니다. 중심에 남는 것이 태양 정도의 질량을 지니면서 불과 10km 정도의 크기밖에 안 되는 터무니없이 밀도가 높은 천체인 중성자별*(107쪽)입니다.

토성의 궤도

적색 초거성 큰개자리 VY별

현재 확인된 별 중에서 가장 큰 항성입니다. 직경 20억~40억 km로 편차가 있기는 하지만 토성의 궤도와 같은 정도의 크기를 지닙니다.

색깔이 다른 이유는?

별은 다양한 색으로 반짝입니다. 이처럼 색깔이 다른 이유는 무엇 때문일까요? 태양의 흰색 빛을 자세히 분류해 보면 무지개와 같이 많은 색깔이 포함되어 있습니다. 색깔을 결정하는 것은 그 별의 표면 온도입니다. 태양의 표면 온도는 6,000℃. 표면 온도가 1만 ℃에 이르는 별은 푸른빛을 더욱 많이 내보냅니다. 한편, 적색거성과 같이 붉은빛을 많이 내는 별은 3,000℃ 정도. 고온의 별일수록 푸르게 저온의 별일수록 붉게 반짝이는 것이지요.

HR도 보는 방법

별의 종류를 밝기(절대 등급)와 색깔(표면 온도)로 나열한 것이 오른쪽 헤르츠스프룽-러셀도(HR도)입니다. 별의 밝기와 온도를 조사하여 그림에 기재하면 그 별이 어떤 별인지 알 수 있습니다. 그림의 가로축은 별의 색깔을 나타냅니다. 오른쪽에서 왼쪽으로 갈수록 적색에서 청색으로, 즉 온도가 높아집니다. 세로축은 별의 밝기를 나타냅니다. 위로 갈수록 별은 밝아집니다. 일반적으로 별은 적색의 것일수록 어둡고, 청색의 것일수록 밝기 때문에 오른쪽 아래서부터 왼쪽 위로 나열되어 있습니다. 적색거성이나 백색왜성 등은 이 그림을 통해 특별한 천체임을 알 수 있을 것입니다.

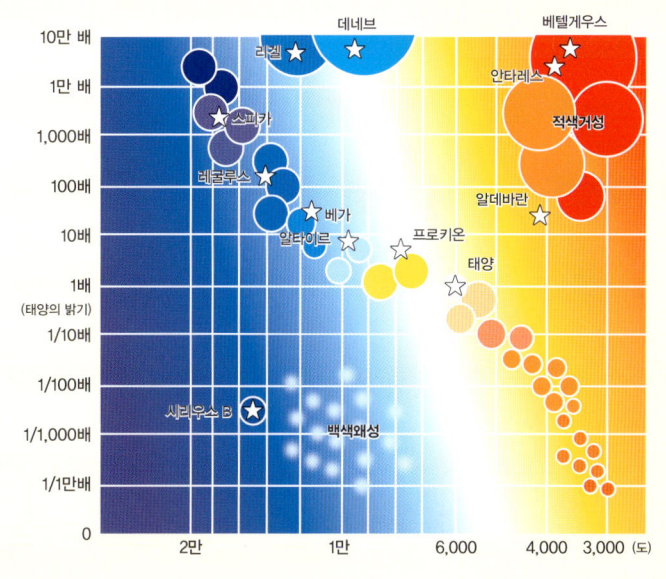

용어집 *핵융합 반응=두 개의 원자핵이 융합하여 새로운 원자핵이 만들어지는 반응. *동반성=연성(쌍성)이라고 불리는 두 개의 항성 중 어두운 쪽.
*중성자별=거의 중성자만으로 이루어진 초고밀도의 별.

윤회하는 항성들
항성의 일생

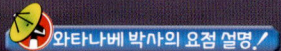 **와타나베 박사의 요점 설명!**

우주가 탄생했을 무렵은 수소와 헬륨밖에 원소*가 없었습니다. 우리 몸에 필요한 산소나 질소, 철분 등과 같은 여러 가지 원소는 모두 항성 내부에서 만들어진 것입니다. 여기서는 항성이 각각 태어날 때의 무게에 따라 다른 일생을 보내고 다른 모습으로 죽음을 맞이하여 다음 항성으로 다시 태어나는 모습을 살펴보겠습니다.

블랙홀 (106쪽)
태양의 30배 이상의 별에서는 초신성 폭발 후 중심이 자신의 중력으로 인해 망가지고 마는 블랙홀이 됩니다.

성운의 수축
성운 중에서도 짙어진 부분으로 가스가 모여들어 갑니다.

중성자별 (99쪽)
태양의 8~10배인 별은 초신성 폭발 후 중성자별이 됩니다.

적색 초거성 (98쪽)
직경은 태양의 100배에서 1,000배 이상이며, 밝기도 태양의 수천 배를 넘습니다.

질량이 태양의 8배 이상인 별

질량이 태양 정도인 별

원시별 (103쪽)
암흑성운의 일부가 중력으로 수축하여 별의 종류인 원시별이 생깁니다. 가스나 먼지의 원시별 원반이 있고, 원반에 수직인 제트가 나오는 것으로 여겨지고 있습니다.

질량이 태양의 1~8%인 별

 *원소=물질을 이루는 기본 성분. *질량=물체가 가지고 있는 물체 고유의 양.

성운 (112쪽)
수소나 헬륨을 많이 포함한 가스나 먼지로 이루어져 있으며, 항성의 재료가 됩니다. 그중에서도 빛을 내지 않고 어두운 것은 '암흑성운' 또는 '성간 분자구름'이라고 부릅니다.

행성상 성운 (105쪽)
일생의 마지막에 별의 중심핵을 남기고 외측으로 분출된 가스는 행성상 성운이 됩니다.

흑색왜성

백색왜성 (99쪽)
중심에 남은 별의 핵은 서서히 식어서 빛을 잃고 백색왜성을 거쳐 흑색왜성이 됩니다.

적색거성 (98쪽)
연료인 수소가 줄어들기 시작하면 항성은 거대화하여 적색거성이 됩니다.

초신성 폭발 (104쪽)
항성이 일생의 마지막에 일으키는 대폭발입니다. 항성 안에서 만들어진 여러 가지 물질은 이 폭발로 인해 우주에 성간 가스로써 흩어집니다.

갈색왜성 (99쪽)
핵융합 반응*이 일어나지 않고 작은 상태 그대로 서서히 식어 갑니다.

용어집 *핵융합 반응=두 개의 원자핵이 융합하여 새로운 원자핵이 만들어지는 반응.

별은 어디서 태어날까?
항성의 탄생

 와타나베 박사의 요점 설명!

밤하늘에 반짝이는 항성이 어떠한 장소에서 태어나는지 살펴보기로 하겠습니다. 별의 재료가 되는 것은 우주를 떠도는 가스와 먼지. 암흑성운*(113쪽)의 깊숙한 곳에서 중력이 작용하여 가스가 수축하고 밀도가 높아지게 되면 마침내 별이 되어 반짝입니다. 우리 태양계가 46억 년 전에 경험했던 격정적인 탄생의 모습이 지금도 우주 여기저기서 발생하고 있습니다.

항성이 탄생하는 모습 W5

차가운 성간 분자구름*은 가시광선*으로는 볼 수 없습니다. 하지만 적외선으로 관측하면 희미하게 빛나는 것처럼 보입니다. 태어나는 별의 열로 먼지가 데워지고 있기 때문이지요. 위 사진은 카시오페이아자리의 W5로, 가스에 휩싸여 밝게 빛나는 것은 탄생하는 별의 모습입니다.

우주의 구름은 별의 요람
독수리 성운의 중심부

항성은 우주 공간에 떠도는 가스와 먼지가 모인 성간 분자구름 안에서 태어납니다. 성간 분자구름의 내부 특히 가스가 짙은 장소는 배경의 빛 안에 암흑성운으로써 떠오르기 시작합니다. 기둥처럼 보이는 가스의 밝게 빛나는 부분에서 새로운 별이 태어나는 것이지요. 사진의 뱀자리에 있는 독수리 성운은 독수리가 날개를 펼치고 있는 것처럼 보여서 독수리 성운이라고 불립니다.

 *암흑성운=빛을 차단하기 때문에 검게 떠오르는 것처럼 보이는 성운.
*성간 분자구름=별과 별 사이에 있는 저온, 고밀도의 가스 구름. 이 안에서 항성이 태어난다. *가시광선=사람의 눈으로 감지할 수 있는 빛.

분출하는 우주 제트는 별의 첫 울음소리

별은 성간 분자구름의 깊은 곳에서 첫 울음소리를 냅니다. 가스가 짙은 부분이 중력을 수축하여 100만 년 정도의 시간에 걸쳐 원시별을 만듭니다. 어엿한 항성으로 탄생하기 전의 '별의 알'인데 밝게 반짝이며 제트를 분출하는 강렬한 모습을 보여 줍니다.

성운
주위에 있는 가스와 먼지의 밀도가 낮은 구름 '성운'은 제트에 의해 날아갑니다.

원시별
밀도가 높아진 핵이 내려서 쌓인 가스의 에너지로 밝게 반짝이기 시작합니다. 아직 핵융합 반응*이 일어나지 않은, 항성이 되기 전 단계입니다.

원시별 원반
수축함에 따라 가스가 회전하게 되면 원심력에 의해 원시별 둘레에 가스 원반이 생깁니다. 이 원반이 마침내 행성 탄생의 근원이 되어 갑니다.

우주 제트
원반에서 중심의 원시별에 내려 쌓인 가스의 일부는 초속 수십 킬로미터의 제트로써 수직으로 분출하여 여분의 에너지를 가지고 떠납니다.

허빅-아로 천체

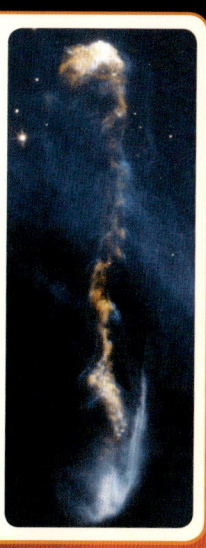

원시별 근처 제트 앞쪽의 끝에서 성운과 같은 가스가 발견되는 경우가 있습니다. 원시별은 아직 성간 분자구름 안에 묻혀 있기 때문에 고속으로 분출한 제트는 주변 성간 가스*에 충돌하여 빛나는 것이지요. 이것이 허빅-아로 천체(Herbig-Haro Object)입니다.

 성간 분자구름은 폭신폭신할 것 같아.

 아기별은 그 안에서 자라는 거였구나.

용어집 *핵융합 반응=두 개의 원자핵이 융합하여 새로운 원자핵이 만들어지는 반응. *성간 가스=우주에 있는 수소나 헬륨 등의 기체.

우주 공간에서 일어나는 대폭발!
항성의 최후 ①

와타나베 박사의 요점 설명!

초신성 폭발은 무거운 항성이 죽음을 맞이할 때 일으키는 대폭발을 말합니다. 은하 전체의 밝기에 필적할 만한 거대한 에너지를 방출하고 우주에서 가장 격렬한 현상인 감마선 버스트*(91쪽)와도 깊은 관련이 있는 것으로 여겨지고 있습니다. 또, 초신성 폭발로 인해 규소, 유황 등의 무거운 원소*가 우주 공간에 방출됩니다. 그 원소들은 행성이나 우리 생명의 기원과도 연관이 있습니다.

> 초신성 폭발을 일으킨 후에는 중심이 블랙홀*(106쪽)이나 중성자별*(107쪽)이 됩니다.

초신성 폭발

항성 내부에서는 핵융합 반응*의 열과 중력이 균형을 잡고 있습니다. 태양보다 8배 이상 무거운 별은 적색 초거성*(98쪽)으로 진화한 후 중심의 압력이 중력에 견디지 못하게 되어 마침내 부서져 버립니다. 그 충격파*가 별 외측의 가스를 날려 보내는 것을 가리켜 초신성 폭발이라고 부릅니다.

- 태양보다 8배 이상의 질량*을 지닌 별이 거대한 적색 초거성으로 모습을 바꿉니다.
- 스스로의 중력으로 중심으로 수축해 갑니다.
- 중심이 찌그러지면서 별의 가스가 단번에 밖으로 밀려 나와 폭발이 시작됩니다.

초신성 잔해

초신성 폭발 후에는 성운*(112쪽) 상태의 천체가 남습니다. 초신성 잔해 내부의 가스는 매우 고온으로 X선이나 다양한 파장으로 빛납니다. 폭발로 인해 날아간 별의 가스는 초속 1,000km 이상의 속도로 우주 공간에 퍼져 나갑니다.

게 성운 M1
황소자리에 있는 초신성 잔해. 1054년에 폭발한 것이 일본이나 중국의 기록에 남아 있으며 현재도 팽창이 계속 진행되고 있습니다.

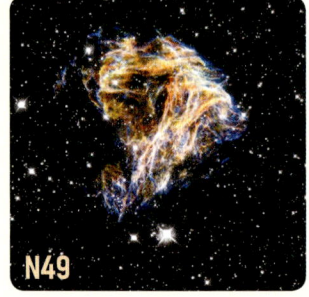
N49
대마젤란운 안에 있는 초신성 잔해. 약 5,000년 전의 폭발에 의한 충격파가 주변의 가스와 충돌하여 빛을 발하고 있습니다.

달이 두 개 보이는 날

오리온자리의 베텔게우스(98쪽)가 초신성 폭발을 일으키면 달보다 밝게 빛나서 마치 달이 두 개인 것처럼 보이겠지요. 또, 지구에 가스가 도달하려면 적어도 수만 년은 걸릴 테고, 강력한 감마선*의 방향도 어긋난 듯하니 심각한 영향은 없을 것으로 여겨집니다.

---

*감마선 버스트=강력한 감마선이 매우 짧은 시간에 폭발적으로 방사되는 현상. *원소=물질을 이루는 기본 성분.
*핵융합 반응=두 개의 원자핵이 융합하여 새로운 원자핵이 만들어지는 반응. *적색 초거성=표면 온도가 낮고 엄청 거대한 붉은 항성.
*충격파=음속 이상의 속도로 전달되는 강렬한 압력 파장. *질량=물체가 가지고 있는 물체 고유의 양. *블랙홀=강력한 중력으로 인해 물질도 빛도 탈출할 수 없는 천체.
*중성자별=거의 중성자만으로 이루어지는 초고밀도의 별. 감마선=방사선의 하나. *성운=가스와 먼지의 구름으로 여기서 별이 탄생한다.

모래시계 성운 MyCn 18
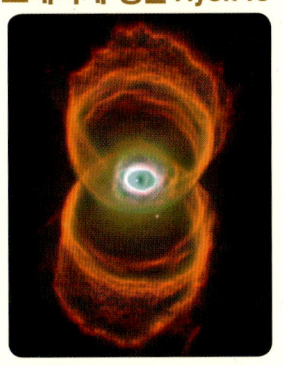
남쪽 하늘에 있는 행성상 성운. 중심의 별을 둘러싼 가스가 모래시계와 같은 모양을 띠고 있습니다.

작은 유령 성운 NGC 6369

산소와 질소의 이온이 다양한 색깔로 빛을 발합니다. 별에서 맨 처음 흘러나온 가스는 외측에 옅게 퍼져 있습니다.

고리 성운 M57
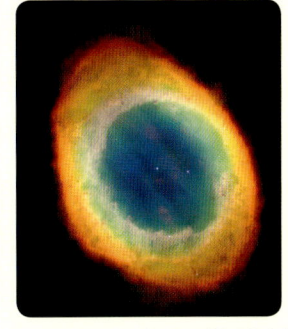
거문고자리에 있는 유명한 행성상 성운. 중심별을 고리 모양으로 둘러싼 성운 외측이 무지개 같은 색을 띠고 있습니다.

행성상 성운

초신성 폭발을 일으키지 않는 가벼운 별은 팽창한 외측의 가스가 그대로 우주 공간으로 흘러나가고 중심에 남은 백색왜성*(99쪽)이 되는 별의 중심핵에서 자외선*을 받아 반짝이는 것처럼 보입니다. 망원경으로 보면 행성과 같은 원반상으로 보이기 때문에 '행성상 성운'이라고 불립니다.

초신성 폭발
연성의 경우

백색왜성이 다른 별과 연성*(108쪽)이 된 경우에도 초신성 폭발을 일으키는 것으로 생각됩니다. 폭발하지 않고 백색왜성이 된 별에는 상대별에서 가스가 흘러나옵니다. 백색왜성은 매우 밀도가 높아 상대별의 가스를 강한 중력으로 끌어당기기 때문입니다. 그리고 한계를 넘으면 초신성 폭발이 일어납니다.

폭발로 한쪽의 별은 튕겨 나가는 경우가 있습니다.

표면에 내려 쌓인 가스가 핵융합 반응을 일으켜 폭발이 시작됩니다.

한쪽의 별에서 가스가 흘러들어 옵니다.

한쪽의 별

행성상 성운

백색왜성

용어집
*백색왜성=가벼운 별의 종말기 형태의 하나로, 중심핵으로만 된 천체. *자외선=파장이 짧고 눈에 보이지 않는 광선.
*연성=서로의 인력으로 서로 끌어당기며 회전하는 두 개 이상의 항성.

블랙홀!
항성의 최후 ②

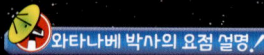
와타나베 박사의 요점 설명!

태양보다 8배 이상 무거운 항성은 핵융합 반응*을 계속하지 못해 중력을 지탱하지 못하게 된 중심핵이 단번에 찌부러지게 됩니다. 그리고 초신성 폭발*이 일어난 후 중심에 매우 밀도가 높고 매우 중력이 강한 천체가 나타납니다. 그것이 블랙홀, 그리고 중성자별입니다. 알베르트 아인슈타인*(131쪽)의 상대성 이론을 통해 예언된 비밀이 많은 천체를 살펴보기로 하겠습니다.

우주 제트
빨아들이려고 하는 물질의 일부가 튕겨져 나가고 있습니다.

블랙홀

항성을 빨아들이는 블랙홀

일러스트는 블랙홀 '백조자리 X-1'의 상상도입니다. 블랙홀이 항성과 연성*(108쪽)이 되었을 때 블랙홀의 강한 중력이 항성의 가스를 벗겨내고 맙니다. 흘러들어 오는 가스는 블랙홀 주변에서 강착원반*을 만들어 고속으로 회전하는 마찰로 고온이 되면서 강한 X선을 발산합니다.

빛도 탈출할 수 없는 검은 구멍

초신성 폭발 후에 남은 중심부의 질량*이 태양의 3배 이상 있으면 자신의 중력으로 점점 수축하여 블랙홀이 됩니다. 우주에서 가장 빠른 빛조차 블랙홀에 빨려 들어가면 결코 빠져나올 수 없습니다. 항성처럼 빛을 발하지 못하고, 빛을 반사하기는커녕 흡수해 버리기 때문에 블랙홀 자체를 볼 수는 없습니다.

시간이 멈춘다!

중력이 강한 곳일수록 시간의 진행은 약한 곳에 비해 느려집니다. 예를 들어 인공위성의 시계는 천천히 진행하도록 아주 살짝 조정되어 있습니다. 인공위성은 지상보다 중력이 약한 곳을 고속으로 날고 있기 때문에 시간이 조금 빠르게 진행됩니다. 무한의 중력을 가진 블랙홀의 중심 '특이점'에서는 시간은 진행되지 않고 멈춰 버립니다.

용어집
*핵융합 반응=두 개의 원자핵이 융합하여 새로운 원자핵이 만들어지는 반응. *초신성 폭발=항성이 그 일생을 마칠 때 일어나는 대규모 폭발.
*알베르트 아인슈타인='상대성 이론'을 발표한 20세기 최대의 물리학자. *연성=서로의 인력으로 서로 끌어당겨 회전하는 두 개의 항성.
*강착원반=블랙홀, 중성자별 등의 주변에 나타나는 가스와 먼지의 원반. *질량=물체가 가지고 있는 물체 고유의 양.

일그러진 별

블랙홀에 빨려 들어가는 주변의 별은 강력한 중력으로 인해 이처럼 일그러진 형태가 됩니다.

얼마나 수축해 있을까? 블랙홀

별이 점점 수축하면 결국에는 블랙홀이 됩니다. 어느 정도 수축했을 때 블랙홀이 되는지는 별의 질량에 따라 결정되는데, 예를 들어 지구를 블랙홀로 만들려면 1.8cm까지 압축해야 합니다.

사탕만한 크기네!

1.8cm (실물과 같은 치수)

초고속으로 회전하는 중성자별

블랙홀이 될 정도로 무겁지 않은 항성은 중심핵의 원자 안에서 양자가 전자를 흡수하여 중성자별이 됩니다. 태양을 반경 10km까지 줄인 것과 같은 1cm³ 당 10억 톤이라고 하는 초고밀도의 천체가 때로는 100분의 1초라는 초고속으로 회전합니다.

우주인으로 오해받은 펄서

중성자별이 회전하면 자기장의 극 방향으로 전파가 방사되는데, 이것이 지구를 향할 때마다 펄스 형태의 전파가 되어 지구에 도달합니다. 펄서(Pulsar)의 규칙 바른 전파가 최초로 수신되었을 때는 외계 생명체가 보내는 신호가 아닐까 여겨지기도 했습니다.

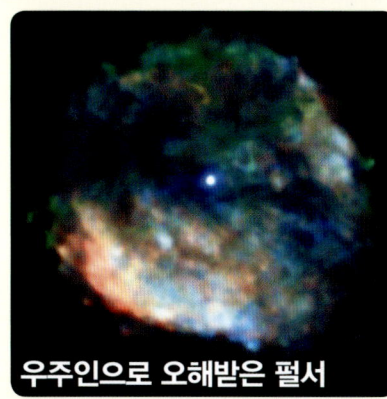

보이는 모습이 바뀐다!
연성과 변광성

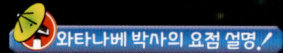 와타나베 박사의 요점 설명!

밤하늘에는 많은 항성이 반짝입니다. 우리와 가까운 항성인 태양과 비슷한 것일까요? 자세히 살펴보면 사실 대부분의 항성이 각기 다른 모습을 하고 있다는 사실을 알 수 있습니다. 다수의 항성이 중력으로 연결되어 돌고 있는 연성. 밝기를 완전히 바꾸는 변광성. 얼핏 보기에 변화가 없는 것 같은 조용한 항성 등, 그들의 다양한 모습을 살펴보겠습니다.

연성

서로의 둘레를 도는 두 개 이상의 항성을 연성(쌍성)이라고 부릅니다. 우리 태양계에는 태양 하나만이 항성으로 존재합니다만, 우주에 있는 항성의 절반 이상은 사실 이러한 연성이거나 3개 이상의 항성이 서로의 둘레를 도는 다중연성입니다.

카스토르 6중 연성

겨울을 대표하는 별자리인 쌍둥이자리의 카스토르. 육안으로는 하나의 별로 보이는 이 별을 망원경으로 살펴보면 A와 B의 두 개로 나뉘어 있고, 더 자세히 보면 각각이 또 두 개의 별로 이루어져 있으며, 게다가 한 쌍의 작은 연성 C가 함께 돌고 있어서 총 6개의 별로 이루어진 6중 연성입니다.

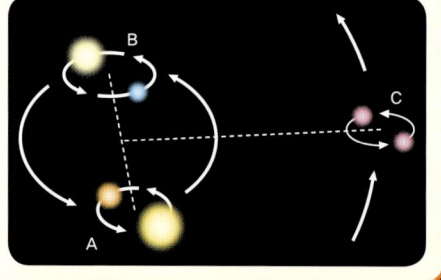

사이좋은 형제별인가 봐.

싸움이라도 하면 폭발하려나?

두 개의 태양을 지닌 행성

연성에도 행성은 존재합니다. 실제로 연성을 도는 행성이 발견되기도 했습니다. 여러 개의 태양이 뜨는 세계는 어떤 풍경일까요? 현재도 연구가 진행되고 있습니다.

변광성

항성에는 밝기가 변화하는 것이 있는데, 이것을 변광성이라고 합니다. 주기적으로 변광을 반복하는데 불규칙적인 것이 있어 밝기가 바뀌는 구조도 다양합니다. 밝기와 주기에 관계가 있는 변광성은 멀리 있는 별까지의 거리를 측정하는 중요한 단서가 됩니다.

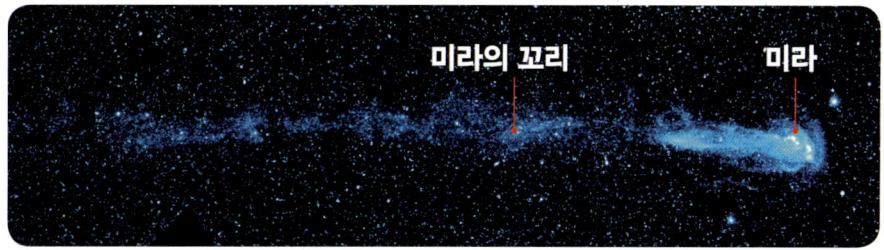

위 사진은 고래자리의 미라(Mira)입니다. 미라는 적색거성*으로 별 전체가 팽창, 수축을 반복하고 있습니다. 그 밝기는 밝은 2등에서 육안으로는 전혀 보이지 않는 10등까지 크게 변화합니다.

또한, 미라에는 '미라의 꼬리'라고 불리는 가스가 있습니다. 표면에서 방출되어 이동해 가는 별에서 남겨진 것으로 생각되고 있습니다.

변광성의 종류

맥동변광성

미라와 같이 별 전체가 불안정하게 팽창과 수축을 반복하여 밝기를 바꾸는 별을 맥동변광성이라고 합니다. 이런 유형의 변광성 중에서 세페이드 변광성(Cepheid Variable)이라고 불리는 그룹은 외관의 밝기의 주기를 통해 진짜 밝기를 알 수 있습니다. 즉 세페이드 변광성이 얼마나 떨어진 천체인지를 측정할 수 있다는 말입니다.

식변광성

두 개의 별이 서로 도는 연성이 우연히 지구에서 볼 때 겹쳐지면 서로의 별을 가려 밝기가 달라져 보입니다. 이러한 변광성을 식변광성이라고 합니다. 두 개의 별이 동시에 보일 때는 밝고 한쪽의 별이 가려졌을 때는 어두워집니다.

*적색거성=표면 온도가 낮고 거대한 붉은 항성.

단번에 태어난 별들
산개성단과 구상성단

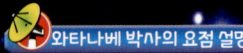 와타나베 박사의 요점 설명!

은하계* 안에는 태양과 같은 항성이 무려 1,000억 개 이상이나 포함되어 있습니다. 그들 별은 전부가 각기 흩어져서 존재하는 것이 아니라, 많은 별이 하나의 장소에 모여 별의 집단을 이루고 있지요. 그것을 성단이라고 합니다. 성단에는 크게 나눠 '산개성단'과 '구상성단'의 두 종류가 있습니다. 그 차이를 살피면서 별이 집단이 되는 이유를 생각해 보겠습니다.

산개성단

별이 완만하게 모여 있는 성단입니다. 수십 개에서 1,000개 정도까지 별의 수에는 편차가 있고, 푸르고 온도가 높은 젊은 별을 포함하는 경우가 많은 것이 특징입니다. 산개성단에 포함되는 별은 대체로 비슷한 연령이며, 진화의 차이를 비교하기에 딱 좋습니다.

NGC 3603

용골자리에 있는 산개성단 NGC 3603은 별이 매우 활발하게 만들어진 영역 안에 있어 은하계에서 가장 젊고 큰 성단 중 하나입니다. 성단을 감싸는 다량의 가스와 먼지의 깊숙한 곳에서는 지금도 활발하게 새로운 별이 탄생하고 있겠지요.

성간 분자구름에서 산개성단이 탄생한다

산개성단은 같은 성간 분자구름*에서 태어난 별의 집단입니다. 처음에는 강하게 밀집하고 있지만, 시간이 지나면서 여기저기로 흩어져 갑니다. 오리온자리를 만드는 별의 대부분은 대체로 비슷한 연령의 그룹으로 오리온자리 전체로 퍼지는 커다란 성간 분자구름에서 태어난 것으로 생각되고 있습니다.

오리온자리와 성간 분자구름의 분포

오리온 대성운

오리온자리에 있는 M42는 오리온 대성운이라는 또 하나의 이름이 있습니다. 젊은 별들이 있는 한편으로 성운 안에서는 많은 별이 계속 태어나고 있습니다.

용어집
*은하계=우주에 있는 수없이 많은 은하 중에서도 인류가 탄생한 지구, 태양계를 포함하는 은하를 말함.
*성간 분자구름=별과 별 사이에 있는 저온, 고밀도의 가스 구름. 이 안에서 항성이 태어난다.

구상성단

M 13

10만 개에서 100만 개나 되는 별이 중력으로 강하게 뭉쳐서 둥글게 밀집한 성단입니다*. 구상성단의 대부분은 연령이 100억 년을 넘는 매우 오래된 별의 집단으로 은하계가 형성된 시기에 생긴 것으로 생각되고 있는데, 그 탄생 이유는 아직 밝혀지지 않았습니다.

우주와 인간
● 천체의 색깔은 진실의 색? ●

우리가 눈으로 보는 아름다운 천체 화상들. 망원경을 들여다보면 실제로 이러한 색깔을 볼 수 있을까요? 사실 이런 화상은 눈에는 보이지 않는 빛으로 비치는 경우가 많습니다. 연구자가 필요한 데이터는 전파나 X선* 등 눈에 보이지 않는 파장도 있습니다. 그런 화상을 조합하여 색깔을 입혀 무슨 일이 벌어지고 있는지 알 수 있도록 표현하고 있는 것입니다.

돛자리의 별이 만들어지는 영역에서 갓 태어난 별의 대규모 집단입니다. 적색이나 청색은 고에너지인 X선을 나타냅니다.

플레이아데스 성단(스바루)

'스바루'라는 일본식 이름으로 유명한 황소자리의 산개성단입니다. 육안으로도 6개 정도의 별을 볼 수 있습니다. 망원경으로 보면 수십 개의 푸른 별이 모여 있는 모습을 볼 수 있지요. 모두 6,000만 년 정도의 젊은 별입니다.

산개성단이 만들어지는 과정

① 가스나 먼지는 더욱 밀도가 높은 부분으로 모여 들어가 별이 탄생합니다. 탄생한 별이 주변의 가스를 날려 버려서 성간 분자구름 안에는 또다시 밀도가 높은 부분이 생깁니다.

② ①에서 태어난 별에 이어 또다시 날려 보내어져서 밀도가 높아진 성간 분자구름 안에서 새로운 별이 태어납니다.

③ 이렇게 별이 잇달아 태어나면서 산개성단이 형성되어 갑니다.

은하계 안의 성단

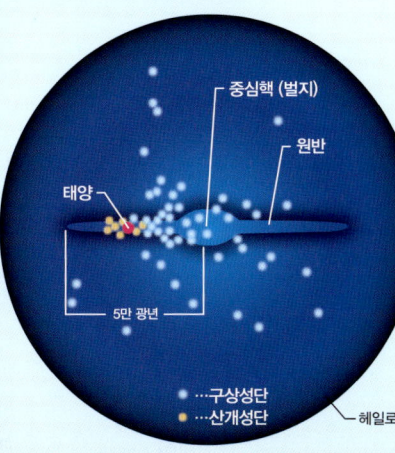

- 중심핵 (벌지)
- 원반
- 태양
- 5만 광년
- …구상성단
- …산개성단
- 헤일로

주변에 형성된 구상성단

왼쪽 그림의 파르께하게 빛을 발하는 점이 구상성단입니다. 구상성단은 늙은 천체가 많은 벌지(Bulge)*나 헤일로(Halo)*의 영역에 은하계 중심을 둘러싸듯이 분포하고 있습니다. 센타우루스자리에 있는 오메가 성단과 같이 거대한 구상성단은 원래부터 주변에 있었던 왜소은하*가 은하계에 흡수되어 중심의 벌지만이 남은 것이 아닐까 여겨지고 있습니다.

원반 부분에 형성된 산개성단

산개성단의 대부분은 은하계의 원반부에 존재합니다. 원반부에는 성간 가스*가 많이 포함되어 새로운 별이 탄생하고 있습니다.

*X선=뢴트겐에도 사용되는 방사선의 하나. *벌지=소용돌이은하 등의 중심부에서 볼 수 있는 불룩 튀어나온 부분.
*헤일로=은하를 에워싸는 듯한 구상의 영역으로 구상성단이나 암흑물질(Dark matter) 등으로 채워져 있다.
*왜소은하=보통의 은하에 비해 약 100분의 1 이하 크기의 은하. *성간 가스=우주에 있는 구름으로 수소나 헬륨 등의 기체.

별의 요람
성운

와타나베 박사의 요점 설명!

우주에는 반짝반짝 빛을 발하는 항성만 있는 게 아닙니다. 은하수를 둘러보면 여기저기서 옅은 가스가 퍼져 있는 구역이나 별이 없는 어두운 영역이 보입니다. 여기 보이는 일러스트는 우주에 펼쳐진 성운의 모습입니다. 은하계 안에는 항성의 10% 이상의 질량을 가진 가스나 먼지가 떠다니고 있는데 구름처럼 한데 모이면 그 존재를 관측할 수 있지요. 성운을 통해 현재도 별을 탄생시키는 성간 물질*의 활약상을 볼 수 있습니다.

에타 카리나 성운 (NGC 3372)

용골자리에 있는 거대한 성운입니다. 별이 잇달아 탄생해서 빛을 발하는 부분이 500광년에 이릅니다. 빛이 나는 것처럼 보이는 성운을 '산광성운'이라고 하는데, 오른쪽 사진은 위 사진의 사각으로 두른 부분을 확대한 것입니다.

휘선성운

산광성운 중에서도 가까이에 있는 고온의 별에서 강한 빛 등으로 데워져 가스가 직접 빛을 발하는 영역을 '휘선성운'이라고 부릅니다. 성간 물질* 중에서도 가장 많은 수소 가스가 뿜어내는 빛으로, 붉게 보이는 성운입니다.

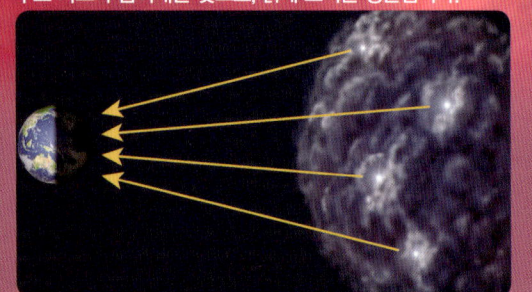

오리온 대성운(M42)

오리온자리에 있는 거대한 성운입니다. 중심부에서는 젊은 별이 잇달아 탄생하고 있습니다.

용어집 *성간 물질=별과 별 사이에 있는 물질을 말함.

미스틱 마운틴

에타 카리나 성운에 있는 '미스틱 마운틴(Mystic Mountain)'이라고 불리는 영역입니다. 기둥과 같은 형태의 성운 꼭대기에는 갓 태어난 원시별*(103쪽)이 있으며 제트를 분출하고 있습니다.

허빅-아로 천체 (103쪽)

반사성운

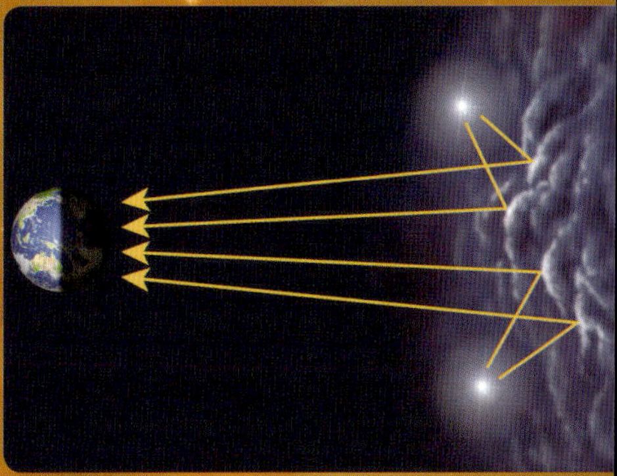

성간 물질에 포함되어 있는 먼지가 가까이에 있는 항성의 빛을 반사함으로써 보이는 산광성운입니다. 어리고 푸른 별이 있는 경우가 많으므로 반사성운은 푸르게 보이는 것이 많습니다.

NGC 6726
NGC 6727

푸르게 빛나는 별 주변의 성운이 빛을 반사하고 있습니다.

우와~, 어떤 냄새일까?
성운은 냄새를 가지고 있다네!

암흑성운

암흑성운은 밀도가 높은 성간 물질이 모인 장소입니다. 성운 안의 먼지가 뒤에 있는 별의 빛을 흡수하고 있어서 어둡게 보이는 것입니다.

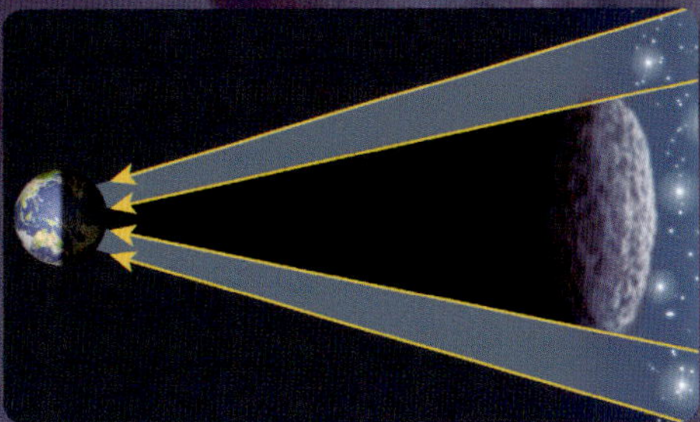

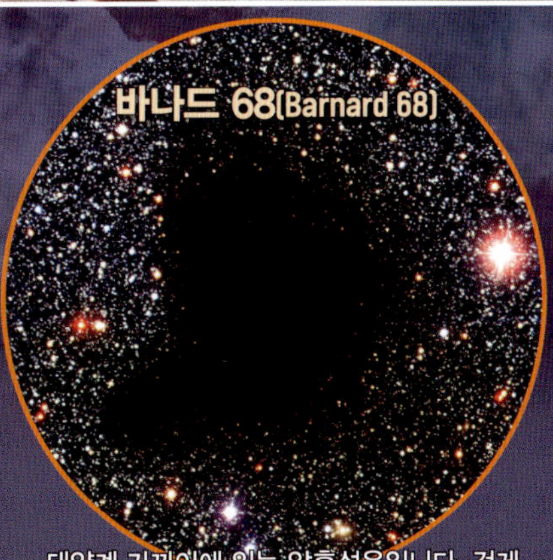

바나드 68(Barnard 68)

태양계 가까이에 있는 암흑성운입니다. 검게 보이는 부분의 반대쪽에도 사실은 별이 널리 퍼져 있습니다(102쪽).

은하계의 암흑성운

여름밤에 조명이나 달빛의 영향이 없는 어두운 하늘에서 희미한 구름처럼 보이는 은하. 망원경으로 들여다보면 무수히 많은 별이 모여 있음을 알 수 있습니다. 은하수 군데군데 어둡게 보이는 부분이 암흑성운입니다.

용어집 *원시별=옅은 가스가 뭉쳐서 형성된 것으로 아직 핵융합이 일어나지 않은 아기별.

또 하나의 지구를 찾아라!
외계 행성 ①

 와타나베 박사의 요점 설명!

은하계*에는 1,000억 개가 넘는 항성이 반짝이고 있습니다. 하나하나의 별이 태양과 같은 부류라고 한다면 태양계와 마찬가지로 항성 둘레를 수많은 행성이 돌고 있다는 얘기가 되겠지요. 그중에는 지구와 닮은 행성, 생명이 존재하는 행성이 있어도 이상할 게 없습니다. 현재의 천문학에서 최대 화제의 하나, 외계 행성의 탐사와 '또 하나의 지구'의 가능성에 대해서 살펴보기로 하겠습니다.

생명이 존재할 수 있는 조건 ①
대기를 가질 수 있는 질량

행성이 대기*를 가지면 우주에서의 전자파*나 방사선 또는 운석* 등의 영향을 피할 수 있고 또 표면의 온도를 안정시킬 수 있습니다. 대기가 흘러나오는 것을 멈출 수 있을 만큼의 중력을 가지려면 적어도 화성 정도의 질량*이 필요합니다.

생명이 존재할 수 있는 조건 ②
지진, 화산 등의 지각 변동

화산 활동 등이 일어나면 온도를 유지하는 데 필요한 온실 효과 가스*나 수증기 등이 행성 표면에 나타납니다. 하지만 작은 행성에서는 이른 단계에서 행성이 식어 버려 이러한 내부의 지각 변동이 끝나고 맙니다.

글리제 581c
지구와 닮은 행성

항성 글리제 581 주변에서 확인된 6개의 행성 중 하나, 글리제 581c의 상상도입니다. 이 별은 지구의 5배의 질량을 가진 암석 행성으로 여겨집니다. 글리제 581이 어두운 적색왜성*이기 때문에 표면은 물이 존재할 수 있는 온도일지도 모릅니다.

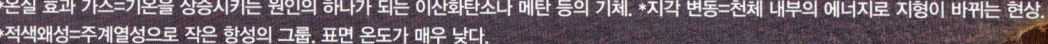

용어집
*은하계=우주에 있는 많은 은하 중에서도 인류가 탄생한 지구, 태양계를 포함한 은하를 말함. *대기=지구 등의 행성이나 위성 주위를 둘러싸고 있는 기체. *전자파=빛이나 전파 등의 총칭. *운석=천체의 일부가 지상에 낙하한 것. *질량=물체가 가지고 있는 물체 고유의 양. *온실 효과 가스=기온을 상승시키는 원인의 하나가 되는 이산화탄소나 메탄 등의 기체. *지각 변동=천체 내부의 에너지로 지형이 바뀌는 현상. *적색왜성=주계열성으로 작은 항성의 그룹. 표면 온도가 매우 낮다.

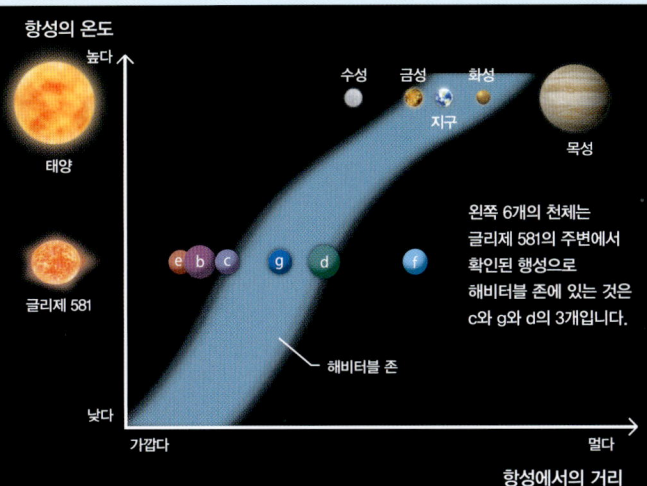

생명이 있을지도 모르는 해비터블 존

항성의 온도

태양
글리제 581

수성 금성 화성
지구
목성

e b c g d f

해비터블 존

낮다
가깝다 멀다
항성에서의 거리

왼쪽 6개의 천체는 글리제 581의 주변에서 확인된 행성으로 해비터블 존에 있는 것은 c와 g와 d의 3개입니다.

행성의 표면 온도는 항성에서의 거리에 따라 크게 달라집니다. 항성에 너무 가까우면 고온이 되어 물은 증발해 버리고 너무 멀면 저온으로 얼고 맙니다. 액체로서 존재할 수 있는 거리에 적당한 크기의 행성이 있다면 생명이 탄생할 가능성이 있습니다. 이 범위를 '해비터블 존'이라고 하며 항성의 온도나 밝기 등에 따라 변화합니다.

생명이 존재할 수 있는 조건 ③
물이 액체로 존재하는 환경

생명 활동에 필요한 다양한 화학 반응이 일어나려면 액체의 역할이 중요합니다. 행성 상에서 가장 풍부하게 안정적으로 존재할 수 있는 액체는 물이라고 여겨집니다. 그 때문에 생명이 존재하기 위해서는 행성 표면에 물이 액체로써 존재해야 하겠지요.

생명의 시작은 박테리아와 같은 생물?

현재 지구상에는 방대한 종류의 생물이 살고 있습니다. 하지만 지구가 탄생한 시초부터 다양한 생물이 존재했던 것은 아닙니다. 지금과 같이 진화한 세포로 몸을 만들기 전의 원시적인 생명은 35억 년 정도 전에 아마도 지구의 심해에서 탄생한 박테리아*와 같은 단순한 세포였을 것으로 여겨지고 있습니다.

만나 보고 싶다!

우리랑 똑 닮은 생명체가 있으려나?

용어집 *박테리아=진정 세균을 말함. 세포막을 지닌 원핵생물.

잇달아 발견된다!
외계 행성 ②

1995년 페가수스자리 51번 별에 태양 이외의 항성을 도는 행성이 처음 발견된 이래 외계 행성에 대한 탐사는 비약적인 기세로 진전했습니다. 발견된 행성은 우리가 아는 태양계와 전혀 다른 모습을 속속 보여 주었지요. 탐사 기술의 발전과 더불어 마침내 '또 하나의 지구'가 발견되는 것도 머지않았습니다. 그럼 이제 현대 천문학의 최전선을 들여다볼까요.

슈퍼지구

지구와 닮은 행성의 탐사도 진행되고 있습니다. '슈퍼지구(Super Earth)'란 외계 행성 중 지구의 몇 배 정도의 질량*을 지니며 주성분이 암석이나 금속 등의 고체 성분이라고 생각되는 행성입니다. 2009년에 발견된 GJ 1214b는 지구의 수 배 크기의 암석 행성으로 두터운 수증기의 대기*를 지니고 있을 것이라는 점, 지구보다도 물의 비율이 많을 가능성이 있다는 점이 밝혀지고 있습니다.

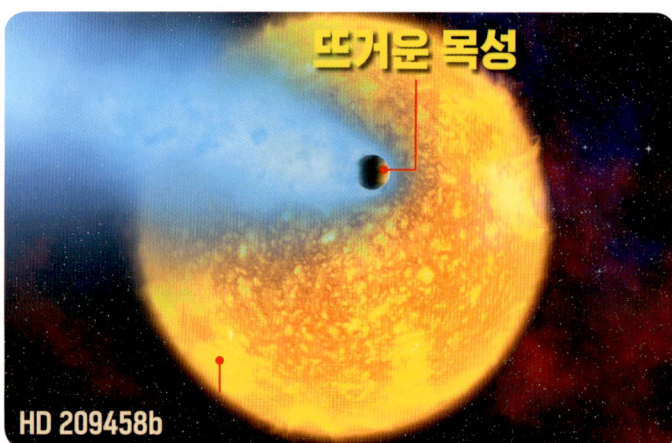

뜨거운 목성
HD 209458b

목성 궤도*보다도 항성에 가까운 곳을 짧은 주기로 도는 거대 가스 행성. 목성과 같은 행성이 고온이 되는 모습에서 '뜨거운 목성(Hot Jupiter)'이라고 불리고 있는데, HD 209458b도 그중 하나로 뜨거운 대기가 증발하고 있습니다.

외계 행성의 자이언트 임팩트

100광년* 거리의 항성 HD 172555의 주변에 있는 암석이 증발한 것을 나타내는 가스나 암석 파편이 적외선으로 발견되었습니다. 이것은 행성끼리 격심한 충돌을 일으킨 흔적입니다. 태양계가 탄생한 초기에는 비슷한 충격이 반복되었던 것으로 여겨지고 있습니다.

타원 궤도 가스 행성

타원 궤도 가스 행성(Eccentric Planet)
항성

행성은 항성 둘레를 타원 궤도를 그리며 공전*합니다. 태양계 행성이 원에 가까운 궤도를 지나는 데 비해 태양계 외의 행성은 매우 일그러진 궤도를 지나는 것이 많습니다. 탄생 시에 궤도가 크게 흔들렸는지도 모릅니다.

*질량=물체가 가지고 있는 물체 고유의 양. *대기=지구 등의 행성이나 위성 주위를 둘러싸고 있는 기체. *궤도=물체가 운동하는 일정한 길.
*공전=한 천체가 다른 천체 주위를 일정한 주기로 도는 운동. *광년=천문학에서 사용되는 거리의 단위. 1광년은 빛이 1년간 진행하는 거리로 약 9조 4,600억 km.

외계 행성을 발견하는 방법

사진으로 찍기

외계 행성의 존재를 확인하는 가장 확실한 방법은 직접 사진으로 찍는 것입니다. 하지만 중심의 항성이 너무 밝아서 매우 어렵습니다. 특별한 장치를 사용해 방해가 되는 별의 빛을 지움으로써 어둡고 작은 행성의 모습을 발견할 수 있었습니다.

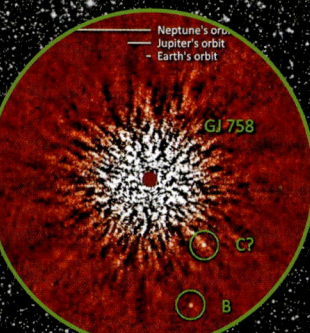

항성의 흔들림을 조사하다

사진을 찍기에는 너무 작은 행성도 발견되고 있습니다. 행성이 돌고 있으면 중심의 항성도 조금 흔들립니다. '빛의 도플러 효과'를 이용해 그 움직임을 측정함으로써 돌고 있는 행성의 궤도나 무게를 알 수 있는 것이지요.

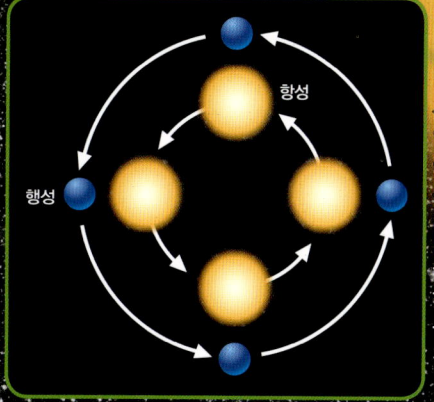

항성의 밝기 변화

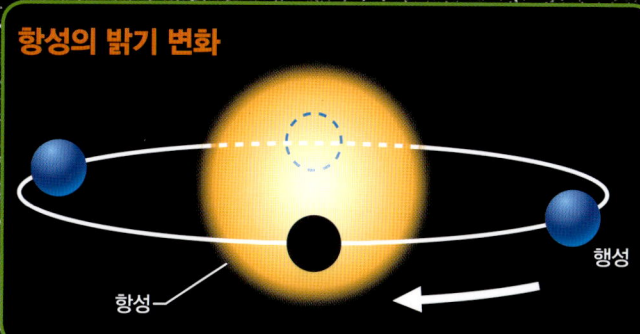

지구에서 볼 때 행성의 궤도면이 완전히 옆으로 되는 순간 행성이 항성 앞을 지나면 빛이 차단되어 약간 검어집니다. 이 밝기의 변화에서 크기나 자세한 궤도를 알 수 있을 뿐 아니라, 대기의 성분을 조사하는 기회가 되기도 합니다.

케플러 우주망원경

지구를 뒤쫓듯이 태양 둘레를 도는 탐사선과 같은 망원경입니다. 2009년에 발사되었으며 구경 1.4m의 주경을 가지고 있습니다. 항성의 밝기 변화를 관측함으로써 수많은 외계 행성을 발견하고 있는 것입니다.

더욱 지구와 닮은 행성이 발견되고 있다!

새로운 장치의 개발과 충분한 관측을 반복함으로써 잇달아 외계 행성이 발견되고 있습니다. 특히 항성의 밝기 변화를 관측하는 것은 유력한 발견 방법입니다. 뜨거운 목성뿐 아니라 항성에서 떨어진 해비터블 존*에 있는, 더욱 지구와 가까운 크기의 행성 후보 천체도 잇달아 발견되고 있습니다.

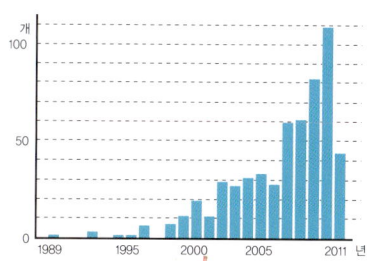

우주와 인간
NASA의 연구자가 상상한 지구와 닮은 행성

태양과는 다른 항성을 도는 행성은 어떤 세계일까요? NASA의 연구자는 크기, 무게, 대기의 조성까지 지구와 똑같은 '오릴리아(Aurelia)'라는 가상의 행성을 생각했습니다. 항성은 태양의 고작 8% 정도의 밝기인 적색왜성*. 기조력*에 따라 같은 면이 항성을 향하고 있습니다. 온도의 환경이 갖춰진 장소가 있으면 오른쪽과 같은 생명이 잉태될지도 모릅니다.

오릴리아

스팅어 팬(Stinger Fan)
거대한 줄기와 잎을 지닌 식물과 같은 모습입니다만, 근육질 동물입니다. 물가 등에서 생식하고 광합성을 하며 무성 생식*으로 늘어날 수 있습니다.

머드팟(Mudpod)
3쌍의 다리와 헤엄치기 위한 꼬리를 지닌 수륙양생 동물입니다. 스팅어 팬을 잡아먹으면서 환경을 유지합니다.

*해비터블 존=생명이 탄생할 가능성이 있는 범위. *적색왜성=주계열성으로 작은 항성의 그룹. 표면 온도가 낮고 붉다.
*기조력=조석을 일으키는 힘으로 중력에 의해 천체의 표면 등이 상승했다 하강했다 함.
*무성 생식=생식 방법 중 하나. 하나의 개체가 단독으로 새로운 개체를 형성하는 방법.

제4장
은하계와 은하
The Galaxy & Galaxies

암흑성운
은하 중에서 어두운 구름과 같이 보이는 부분을 암흑성운이라고 합니다. 짙은 가스가 모인 것으로 성운 안의 먼지가 별빛을 흡수해 어둡게 보이는 것입니다(113쪽).

와타나베 박사의 요점 설명!
우주에서는 셀 수 없이 많은 항성의 집단이 은하를 이룹니다. 우리가 사는 태양계가 있는 은하를 '은하계'라고 하며 불과 100년 정도 전까지는 우리 인류가 사는 은하계가 우주의 전부라고 여겨졌습니다. 하지만 망원경의 발달로 인해 우주에는 무수히 많은 은하가 존재한다는 사실을 알게 되었지요. 은하계를 살펴보면 항성이나 성운*(112쪽)을 비롯한 다양한 천체로 이루어져 있음을 알 수 있습니다.

비밀의 물질
아직까지 밝혀지지 않은 우주 진화의 비밀과 관련이 깊은 것으로, 눈에 보이지 않는 물질인 암흑물질(dark matter)이 있습니다. 우주에는 보이는 물질의 4배 이상 존재한다고 합니다(138쪽).

용어집
*성운=가스와 먼지의 구름으로, 여기서 별이 탄생한다.

은하의 중심

은하의 중심에는 거대한 블랙홀*이 있습니다. 질량*이 태양의 수백억 배에 이르는 것도 있습니다(128쪽).

갓 탄생한 별

항성은 우주에 떠도는 가스와 먼지의 집합체인 성간 분자구름 안에서 탄생합니다. 밀도가 높아지면 원시별로써 반짝이기 시작하고 원시별 원반과 우주 제트* 분사를 볼 수 있습니다(103쪽).

구상성단

은하계 가까이에는 10만 개에서 100만 개의 별이 모여 있는 구상성단이 많이 보입니다(111쪽).

우 주 와 인 간
● 허셜이 생각한 은하계 ●

윌리엄 허셜
(1738~1822)

1785년, 윌리엄 허셜(William Herschel)은 은하의 별들을 하나하나 세어 봤습니다. 항성의 외형적 밝기와 거리 관계를 통해 은하는 원반상으로 모여 있는 별의 집단이라고 생각했지요. 원반(120쪽)과 두께를 지닌 '은하계'의 형태를 최초로 알아차렸습니다.

허셜이 생각한 은하계의 형태.

용어집
*블랙홀=강력한 중력으로 인해 물질도 빛도 탈출할 수 없는 천체. *질량=물체가 가지고 있는 물체 고유의 양.
*우주 제트=블랙홀, 원시별, 전파은하 등에서 내뿜는 플라스마 등의 가스.

태양계는 어디에 있을까?
은하계의 형태

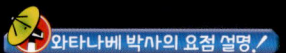 **와타나베 박사의 요점 설명**

은하계는 별들이 달걀프라이와 같은 형태로 존재하고 있으며 중심부가 약간 볼록한 노른자, 그것을 평평한 원반 부분의 흰자가 둘러싼 것 같은 형태를 하고 있습니다. 이러한 은하를 소용돌이은하라고 합니다. 밤하늘에 보이는 은하는 은하계의 구조 일부가 보이는 것이지요.

은하계의 단면도

원반 — 비교적 젊은 별이나 산개성단*(110쪽), 산광성운*(112쪽)이나 암흑성운*(113쪽) 등의 성간 물질*이 모여 원반 모양을 이룹니다.

벌지(Bulge) — 연령이 수십억 년 이상인 늙은 별이 많고 원반 부분보다 팽창해 있습니다.

중심핵 — 직경 10광년 정도의 중심핵에는 거대한 블랙홀*(126쪽)이 있다고 여겨지고 있습니다.

태양 — 태양은 은하계의 중심에서 약 2만 8,000광년 떨어진 곳에 있습니다.

헤일로(Halo) — 벌지나 원반 부분을 감싸는 형태로 구상성단*(111쪽)이 둥글게 분포하고 있는 부분을 헤일로(Halo)라고 합니다. 직경은 약 15만 광년. 은하계 중에서 가장 오래된 별이 모여 있습니다.

2,000광년
1만 5,000광년
10만 광년

은하의 대부분은 눈에 보이지 않는다?

은하계에는 눈으로 봤을 때 빛나는 별이나 성운*(112쪽) 외에 관측할 수 없는 물질이 많이 존재하고 있다는 사실이 밝혀지고 있습니다. 이를 암흑물질*(138쪽)이라고 부르며, 놀랍게도 눈에 보이는 것의 4배 이상의 질량*이 있다고 합니다.

용어집
*산개성단=수십 개에서 1,000개 정도까지 완만하게 모여 있는 별의 집단. *산광성운=가스와 먼지로 이루어진 성간 물질이 반짝여 보이는 것.
*암흑성운=빛을 차단하기 위해 검게 떠오른 것처럼 보이는 성운. *성간 물질=별과 별 사이에 있는 물질을 말함.
*블랙홀=강력한 중력으로 물질도 빛도 탈출할 수 없는 천체. *성운=가스와 먼지의 구름으로, 여기서 별이 탄생한다.
*암흑물질=은하를 뒤덮고 있으며 주위에 중력을 미치는 눈에는 보이지 않는 물질로 다크 매터(dark matter)라고도 함.
*질량=물체가 가지고 있는 물체 고유의 양.

은하계가 우리 눈에 비치는 모습

은하계의 전체상을 망원경으로 관측하는 것은 불가능합니다. 지구도 은하계 안에 있기 때문에 우리가 은하로 보고 있는 것은 은하계의 일부이지요. 지구는 일 년에 걸쳐 태양 둘레를 회전하고 있으므로 계절에 따라 은하의 모습도 바뀝니다.

여름의 밤하늘

겨울의 밤하늘

여름의 은하수
8월경 태양이 지고 밤이 되면 건물에서 천정을 향해 통과하는 은하수가 또렷이 보입니다. 그중에서도 중앙의 궁수자리 방향에는 별이 많이 모여 있는 별지가 있어서 매우 밝게 보입니다.

겨울의 은하수
오리온자리나 큰개자리와 같은 겨울 별자리가 나란히 늘어선 12월 말경의 밤하늘입니다. 겨울의 은하수는 은하계의 외측 방향에 해당하므로 여름만큼 또렷이 보이지는 않지만, 오리온자리와 쌍둥이자리 사이에서 볼 수 있습니다.

원반을 위에서 본 은하계
은하계는 굵기가 다른 팔(소용돌이)과 중심부의 별지를 가로지르는 막대와 같은 구조를 지닙니다. 이 '팔'에는 특히 별이나 가스가 많이 모여 있지요. 태양은 약 2억 년에 걸쳐 은하계를 한 바퀴 도는데 중심부를 제외하고 은하계를 회전하는 별들의 속도는 거의 일정합니다.

팔

막대

은하의 '팔'은 극심한 정체?

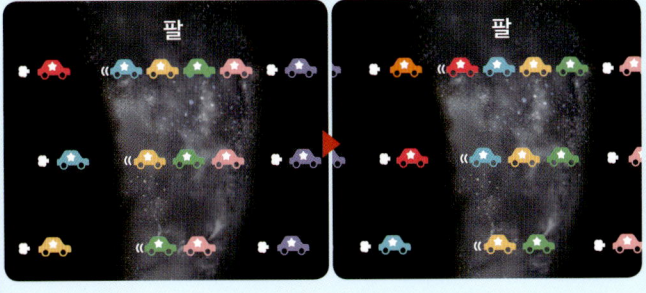

별이나 가스는 은하의 팔과 일체가 되어 회전하고 있는 것이 아니라, 각각이 따로따로 움직이고 있습니다. 은하의 팔 부분의 별들은 도로에서 교통 체증에 걸린 차량처럼 속도가 떨어져서 모여 있는 것입니다.

은하계 주위에 있는 은하
국부 은하군

 와타나베 박사의 요점 설명!

은하계 가까이에는 두 개의 커다란 소용돌이은하*(125쪽)가 존재합니다. 그리고 이들 세 개 은하의 곁을 따르는 작은 왜소은하들을 합친 것이 국부 은하군입니다. 국부 은하군의 은하들은 100억 년 이상 전에 탄생했습니다. 서로의 중력으로 은하들은 영향을 받고 있으며 오랜 세월에 걸쳐 그 형태를 바꿔 갑니다.

안드로메다은하
은하계와 마찬가지로 별자*나 소용돌이 원반(120쪽)을 지닌 은하로, 은하계와 같은 정도의 크기입니다. 안드로메다은하는 지구에서 가장 가까운 소용돌이은하이자 지구에서 육안으로 볼 수 있는 가장 먼 천체입니다.

현재

20억 년 후

은하계의 미래
37억 5,000만 년 후

여기 보이는 일러스트는 37억 5,000만 년 후의 밤하늘을 상상해 본 그림입니다. 현재 안드로메다은하는 시속 약 40만 km라는 터무니없을 정도의 속도로 우리가 사는 은하계에 접근하고 있으며 40억 년 후에는 충돌한다고 합니다. 그 후 두 개의 은하는 변형과 충돌을 반복하면서 하나의 거대한 타원은하*(124쪽)로 합체한다는데, 그때 우리가 사는 태양계는 어떻게 될까요?

용어집 *소용돌이은하=소용돌이 원반과 중심 부분의 별자로 형성된 은하. *별자=소용돌이은하 등의 중심부에서 볼 수 있는 볼록 튀어나온 부분.
*타원은하=중심부에서부터 서서히 어두워져 가는 원형이 특징.

소마젤란운

대마젤란운

두 개의 마젤란운
남반구에서 볼 수 있는 왜소은하로 오른쪽이 '대마젤란운'이고, 왼쪽이 '소마젤란운'입니다. 대마젤란운의 질량*은 은하계의 10분의 1정도밖에 안 되지만, 중심 부근에서는 막대나 소용돌이 구조가 보인다는 점에서 예전에는 소용돌이은하였던 것이 은하계에서 힘을 받아 이러한 형태로 변형된 것으로 여겨지고 있습니다.

타란툴라 성운
대마젤란운에 있는 타란툴라 성운은 국부 은하군 중에서 가장 활발하게 별이 탄생하는 곳입니다. 언젠가는 구상성단*(111쪽)이 될 것으로 여겨지고 있습니다.

은하계 주위에 있는 은하

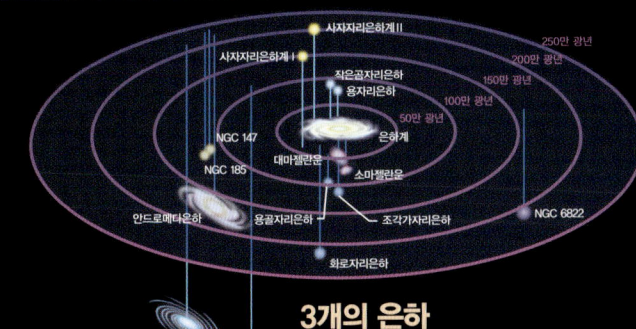

3개의 은하
국부 은하군에는 3개의 커다란 소용돌이은하가 있습니다. 은하계와 안드로메다은하, 그리고 삼각형자리은하입니다.

왜소은하
왜소은하는 밝기가 은하계의 10분의 1도 안 되는 어둡고 작은 은하로 은하계를 둘러싸는 형태로 수없이 많이 존재합니다. 은하계는 오래전 많은 왜소은하가 충돌과 합체를 반복하여 형성된 것이라고 하죠. 은하계의 진화를 밝히는 데 왜소은하에 관한 연구는 매우 큰 주목을 받고 있습니다.

은하계

밤하늘이 요란해지겠는걸!

왜소은하 중에서는 더욱 거대한 은하계로부터 힘을 받아 다양한 형태로 변형된 것이 발견되고 있습니다. 일러스트는 은하계를 둘러싸는 형태로 뻗어나가면서 움직이는 왜소은하들의 이미지입니다.

 *질량=물체가 가지고 있는 물체 고유의 양.
*구상성단=10만 개에서 100만 개의 별이 중력으로 강하게 결집하여 둥글게 밀집한 성단.

은하의 종류는 하나가 아니다
여러 가지 은하

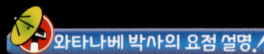 와타나베 박사의 요점 설명!

우주에 있는 은하는 은하계와 같은 소용돌이은하뿐 아니라 분명한 구조를 지니지 않은 타원은하 또는 일그러진 형태의 불규칙은하 등 다양하게 존재합니다. 오래된 것으로는 탄생한 지 100억 년이 넘는 것도 있습니다. 은하는 어떻게 해서 이러한 형태로 진화했을까요? 아직 밝혀지지 않은 점이 많습니다.

타원은하

새로운 별의 재료가 되는 가스와 먼지가 짙게 모여 있는 성간 분자구름이 거의 없기 때문에 타원은하에는 오래되어 적색을 띤 별이 많고, 젊은 별이나 산개성단*(100쪽)은 거의 존재하지 않습니다. 은하계와 같은 정도의 크기인 것에서부터 은하단 중심에 있는 거대한 것에 이르기까지 그 크기가 다양합니다.

M87 (NGC 4486)

직경이 은하계보다 약간 큰 처녀자리에 있는 타원은하입니다. 중심에서 5,000광년* 이상에 이르는 우주 제트*를 분출하고 있습니다.

렌즈형은하

소용돌이은하와 마찬가지로 원반과 벌지*로 이루어지기는 했지만, 소용돌이의 팔*은 가지고 있지 않습니다. 별 형성도 비교적 활발한 것에서부터 그렇지 않은 것에 이르기까지 다양합니다. 타원은하와 소용돌이은하의 중간적인 은하입니다.

은하의 분류

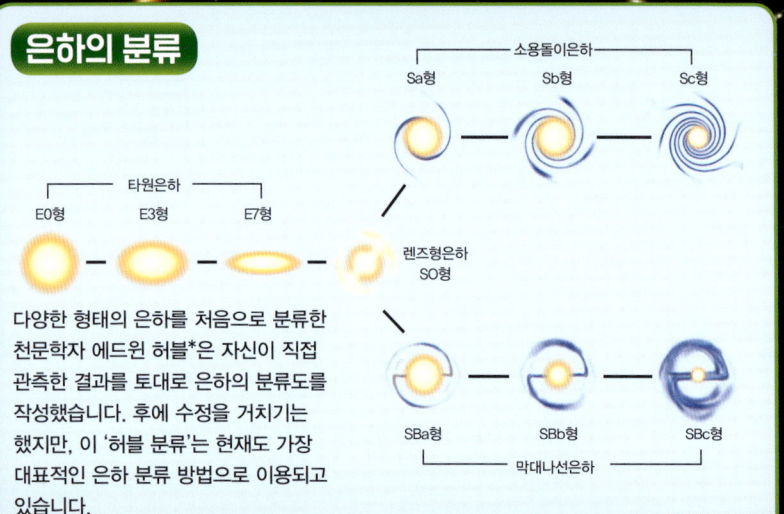

다양한 형태의 은하를 처음으로 분류한 천문학자 에드윈 허블*은 자신이 직접 관측한 결과를 토대로 은하의 분류도를 작성했습니다. 후에 수정을 거치기는 했지만, 이 '허블 분류'는 현재도 가장 대표적인 은하 분류 방법으로 이용되고 있습니다.

NGC 5866

사진은 은하의 면을 바로 옆에서 본 것으로 먼지의 줄기가 보입니다. 먼지의 끝에서는 푸른 줄기가 보이는데, 여기서 활발하게 별의 형성이 일어나는 것으로 여겨집니다.

---

*산개성단=수십 개에서 1,000개 정도까지 완만하게 모여 있는 별의 집단. *광년=1광년은 빛이 1년간 진행하는 거리.
*우주 제트=블랙홀, 원시별, 전파은하 등에서 내뿜는 플라스마 등의 가스. *벌지=소용돌이은하 등의 중심부에서 볼 수 있는 불룩 튀어나온 부분.
*소용돌이의 팔=소용돌이은하의 별이나 가스가 모여 있는 부분. *에드윈 허블(Edwin Hubble)=20세기를 대표하는 천문학자.

소용돌이은하

원반과 중심부의 불룩 튀어나온 부분인 벌지의 두 가지 성분으로 형성됩니다. 원반은 소용돌이의 팔을 가지고 있으며 많은 가스와 먼지를 포함하고 있어 젊고 푸른 별이 많이 탄생합니다. 한편, 벌지에는 늙고 빨간 별이 많이 보입니다. 또 사진의 NGC 1300과 같이 은하 중심부에 막대와 같은 구조가 확실하게 보이는 것을 막대나선은하라고 부릅니다.

팔

팔

NGC 4414
은하계나 안드로메다은하와 달리 소용돌이의 팔이 확실하지 않은 소용돌이은하입니다.

벌지

NGC 1300
7,000만 광년 거리에 있는 막대나선은하입니다. 한 쌍의 팔과 벌지를 가로지르는 막대가 보입니다.

우주와 인간
● 천체 카탈로그 ●

샤를 메시에(Charles Messier)
(1730~1817)

천체의 이름은 '알파벳+숫자'로 표시됩니다. 이 알파벳은 '카탈로그명'이라고 하여 누가 어떤 천체를 정리했는지 알 수 있게 되어 있습니다. 예를 들면 'M87'의 경우는 메시에(Messier)에 의해 만들어진 '메시에 카탈로그 87번째 천체'가 됩니다. 성운, 성단, 은하 등을 모아 놓은 뉴 제네럴 카탈로그(NGC), 항성을 모아 놓은 헨리 드레이퍼 카탈로그(HD), 불규칙은하의 아프 카탈로그(Arp) 등 여러 가지 카탈로그가 있습니다.

불규칙은하

은하는 때로 격한 충돌이나 변형을 하는 경우가 있습니다. 불규칙은하라고 불리는 은하들도 이러한 작용을 받은 것들입니다.

NGC 4039

NGC 4038

두 개의 은하(NGC 4038과 NGC 4039)가 충돌하고 있는 모습으로, 오른쪽 사진에서 보는 바와 같이 꼬리를 끕니다. 마치 곤충의 더듬이와 같이 보인다고 해서 더듬이은하라고 불립니다.

Arp 147
불규칙은하 Arp 147의 오른쪽 푸른 은하는 과거 왼쪽의 타원은하와 충돌하여 중심이 벗겨진 것으로 여겨지고 있습니다.

은하의 중심
블랙홀과 활동은하

초거대 블랙홀

원반

우주 제트

퀘이사

활동은하의 하나로 생각되는 천체입니다. 퀘이사(Quasar)는 우주에 존재하는 천체 중에서 가장 밝은 것 중 하나로 여겨지고 있으며, 때로 그 밝기는 태양의 10조 배나 됩니다. 중심에서 뻗은 우주 제트*는 원반에 있는 별이나 가스가 퀘이사의 중심에 있는 블랙홀*에 떨어질 때 나오는 것입니다. 이 우주 제트가 지구를 향해 있으면 밝게 보이는 퀘이사로써 관측됩니다. 또한, 퀘이사의 대부분은 우주가 탄생해서 얼마 되지 않은 시기에 형성된 것입니다.

*우주 제트=블랙홀, 원시별, 전파은하 등에서 내뿜는 플라스마 등의 가스.
*블랙홀=강력한 중력으로 인해 물질도 빛도 탈출할 수 없는 천체.

와타나베 박사의 요점 설명

은하 중에는 항성이나 성운*과 같은 보통의 은하의 구성 요소와는 다른 부분에서 많은 에너지가 방출되고 있는 특수한 것이 있는데, 이들 은하를 활동은하라고 합니다. 일러스트에서 보이는 가늘고 긴 우주 제트나 광범위한 전자기파를 대량으로 방출하는 은하인데, 그 활발한 활동에는 놀랍게도 은하 중심에 있는 초거대 블랙홀이 관계하고 있는 듯합니다. 활동은하뿐 아니라 우주에 있는 모든 은하 중심에는 태양의 수십만에서 수백억 배의 질량*을 가진 초거대 블랙홀이 있는 것으로 여겨지고 있습니다.

전파은하

은하 중에 매우 강한 전파를 방출하는 것이 확인되고 있는데, 대부분이 타원은하*(124쪽)에서 방출되고 있습니다. 지구와 가까운 은하에서부터 상당히 멀리 떨어진 은하에 이르기까지 폭넓게 관측되고 있지요. 사진의 보라색으로 보이는 장소가 전파은하인 센타우루스자리 A의 강력한 전파가 방출되고 있는 부분입니다.

세이퍼트은하

소용돌이은하*나 불규칙은하* 안에는 극단적으로 밝은 은하의 중심핵을 가진 것이 있습니다. 이들은 발견자 이름을 따서 세이퍼트은하라고 불리며, 사진의 핑크색 부분은 은하(컴퍼스자리 은하)의 중심에서 밖으로 방출되고 있는 고온의 가스입니다.

제트는 역동적인 활동의 증거구네.

은하 중심에 블랙홀이 있구나.

용어집

*성운=가스와 먼지의 구름으로, 여기서 별이 탄생한다. *질량=물체가 가지고 있는 물체 고유의 양.
*타원은하=은하의 분류 중 하나. 중심에서 주변에 걸쳐 완만하게 어두워지는 타원형이 특징.
*소용돌이은하=은하의 분류 중 하나. 소용돌이형의 팔이 있는 것이 특징. *불규칙은하=은하의 분류 중 하나. 형상이나 항성의 분포가 불규칙적인 것이 특징.

어떻게 해서 거대해졌나?
블랙홀의 합체

블랙홀의 합체

초거대 블랙홀

일러스트는 전파은하* 3C66B의 중심에서 두 개의 대질량 블랙홀*이 합체하는 모습입니다. 실제로 관측된 데이터에 따라 그렸습니다. 과거에는 각기 다른 은하에 있었던 두 개의 블랙홀이 충돌한 부분일지도 모릅니다.

용어집　*전파은하=강력한 전파를 방출하는 활동은하. *블랙홀=강력한 중력으로 인해 물질도 빛도 탈출할 수 없는 천체.

은하의 중심에 있는 거대한 블랙홀은 블랙홀끼리 합체하여 커져 가는 것으로 여겨지고 있습니다. 이미 여러 은하에서 거대 블랙홀이 확인되었고, 그 질량*은 태양의 수십만에서 수백억 배까지 이릅니다. 각각의 은하의 크기나 형태를 유지할 수 있는 것은 이 초거대 블랙홀이 크게 관계하고 있습니다.

거대화의 구조

은하끼리의 충돌 등으로 인해 활발하게 별이 형성되어 성단이 만들어집니다. 그리고 밀도가 높아진 성단 중심에 중형 블랙홀이 형성됩니다. 그 후 그들은 은하의 중심으로 끌어당겨져 합체를 반복하면서 거대한 블랙홀로 진화하는 것으로 여겨지고 있습니다.

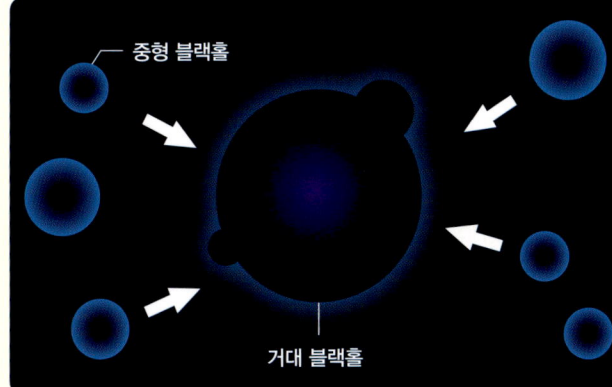

발견 방법

제트를 뿜는 블랙홀

물질이 블랙홀에 빨려 들어가기 직전에 내뿜는 X선*이나 감마선* 등의 우주 제트*를 관측합니다.

은하계 중심의 블랙홀

다수의 별의 진행 방향이 블랙홀의 중력을 받아 바뀌는 것을 통해 위치와 질량을 측정할 수 있습니다.

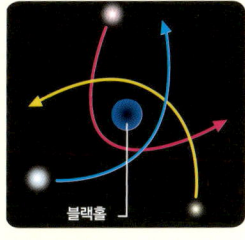

빨려 들어가면 어떻게 될까?

만일 우주선이 블랙홀에 빨려 들어가면 우주선의 앞과 뒤에 걸리는 중력의 크기 차이로 인해 블랙홀 중심으로 향할수록 가늘고 길게 잡아당겨지다가 마지막에는 갈기갈기 찢어지게 됩니다.

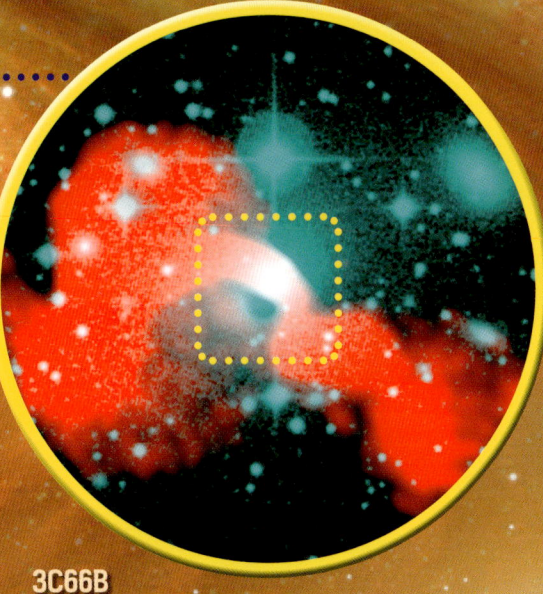

3C66B
붉게 보이는 것은 중앙에 있는 두 개의 천체에서 방출되는 전파입니다. 이 두 개의 천체는 태양의 100억 배나 되는 질량을 지닌 블랙홀입니다. 서로 회전하면서 서서히 가까워지고 있는데, 충돌 직전의 상태임이 밝혀졌습니다.

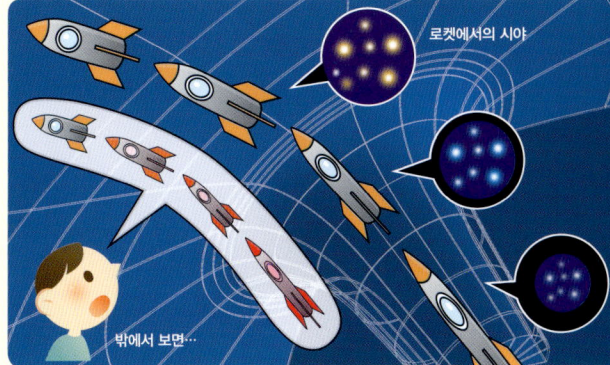

*질량=물체가 가지고 있는 물체 고유의 양.
*X선=뢴트겐에도 사용되는 방사선의 하나.
*감마선=일반적으로 X선보다 에너지가 높은 방사선.
*우주 제트=블랙홀, 원시별, 전파은하 등에서 내뿜는 플라스마 등의 가스.

은하의 집단
은하단

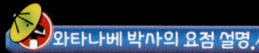 와타나베 박사의 요점 설명

하나의 은하에는 수천억 개의 별이 포함되어 있는데, 그런 은하가 이 우주에는 1,000억 개 이상 존재합니다. 은하끼리 서로 끌어당겨 은하단을 만들고 나아가 초은하단과 같은 거대한 구조를 우주 전체에 만들어 내고 있지요. 그리고 이 은하의 확장이야말로 우주 확대에 상당하는 것입니다. 여기서는 은하계를 넘어 한층 멀리 확대되어 가는 우주를 소개하겠습니다.

은하단 Abell 1689
지구에서 약 22억 광년 거리에 있는, 수천 개의 은하를 껴안고 있는 거대 은하단입니다. 사진 속에 있는 빛의 점 대부분이 은하입니다.

은하의 진화
위의 은하단 Abell 1689에서 소용돌이은하*는 어떤 장소에 있을까요? 밝은 은하단 중심 부근에는 오렌지색의 타원은하*가 많고 외측으로 갈수록 파르께한 소용돌이은하가 보입니다. 이런 점에서 은하단 중심의 거대한 타원은하는 소용돌이은하가 은하단 중심으로 모여들어 가는 도중에 충돌이나 합체를 반복하면서 형성된 것으로 여겨지고 있습니다.

충돌, 합체

두 개의 소용돌이은하

타원은하

처녀자리 은하단
우리 은하계에서 6,000만 광년 떨어진 곳에는 수천 개의 은하가 모여 있는 '처녀자리 은하단'이 있습니다. 은하단은 많은 은하가 서로의 중력으로 모인 대규모 집단입니다. 우주에는 이러한 은하단이 여러 장소에 존재하고 있습니다.

은하단의 집단 '초은하단'

'초은하단'은 은하군이나 은하단이 모인 수억 광년에 이르는 범위를 말합니다. 우주에는 초은하단이 나란히 줄지어 늘어서면서 한층 더 커다란 구조를 만드는데, 그 사이사이에 거의 은하가 없는 '보이드(void)'라고 불리는 빈 공간이 있다는 사실도 밝혀졌습니다.

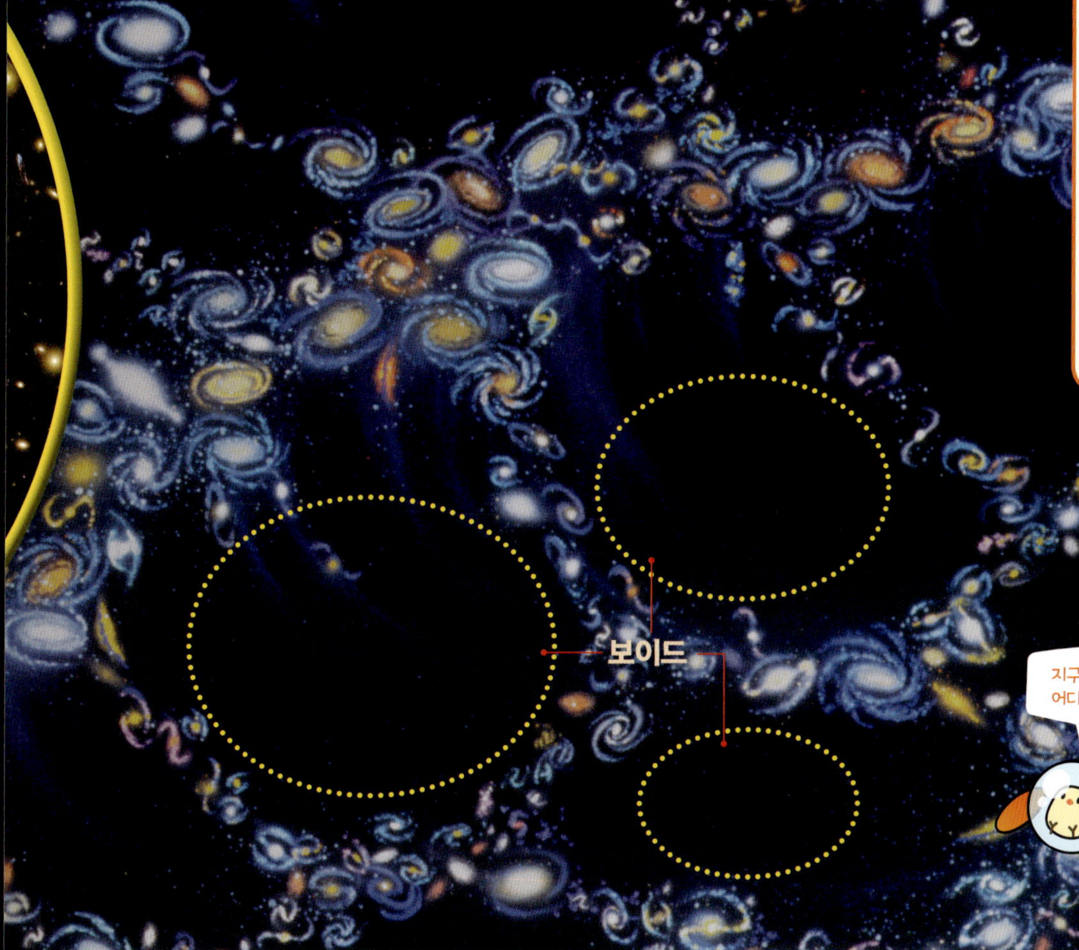

보이드

은하의 분포

10억 광년

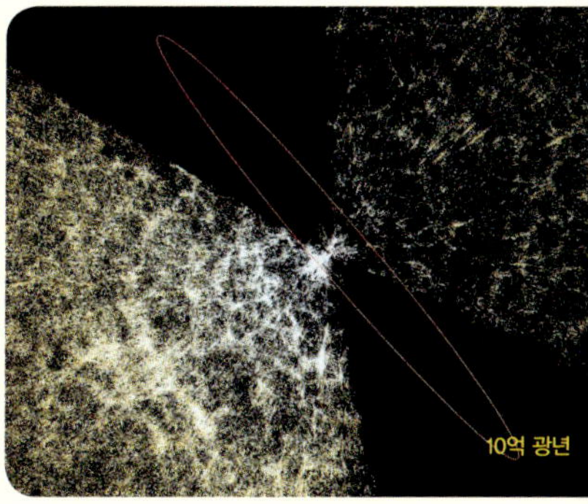

지구에서 본 은하의 분포를 컴퓨터로 재현한 것입니다. 작은 점 하나하나가 은하를 나타내고 있습니다. 검게 된 방향에는 은하계의 천체들이 은하수로써 퍼져 있어서 그 너머에 있는 은하를 관측할 수 없습니다.

지구는 어디 있을까?

이렇게나 은하가 모여 있구나.

중력 렌즈 효과

왼쪽 위의 은하단 Abell 1689의 사진을 잘 보면 반원을 그리는 것 같은 빛의 선이 여러 개 보입니다. 사실 어느 한 천체에서 나온 빛은 은하 등의 커다란 질량*을 가진 천체의 옆을 지나게 되면 중력으로 인해 진행이 굴절되고 맙니다. 이런 현상이 흡사 렌즈를 통과한 것처럼 보여서 '중력 렌즈 효과'라고 불리는 것이지요. 오른쪽 그림을 보면 핑크색 빛의 선이 도중에 있는 천체로 인해 일그러진 상태로 지구에 도달하고 있음을 알 수 있습니다.

아인슈타인 고리

위 사진에서 보는 바와 같이 중력 렌즈 효과로 안쪽에 있는 은하가 둥근 고리처럼 보이는 경우가 있습니다. 이와 같이 빛이 구부러지는 현상은 아인슈타인의 상대성 이론*에서 도출된 것입니다. 그래서 이런 현상을 그의 이름을 따서 '아인슈타인 고리(Einstein Ring)'라고 부르기도 합니다.

알베르트 아인슈타인
(1879~1955)

상대성 이론을 비롯해 우주 연구에도 커다란 공적을 남긴 20세기를 대표하는 물리학자의 한 사람으로 알려져 있습니다.

용어집 *소용돌이은하=소용돌이 원반과 중심부의 불룩 튀어나온 벌지로 이루어진 은하. *타원은하=중심에서부터 완만하게 어두워지는 타원형이 특징.
*질량=물체가 가지고 있는 물체 고유의 양. *상대성 이론=알베르트 아인슈타인에 의해 확립된 물리학 이론.

압도적인 스케일
우주의 모든 것

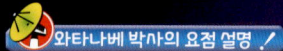
와타나베 박사의 요점 설명

지구와 가장 가까운 항성인 태양에서부터 가장 먼 '우주배경복사*'(137쪽)에 이르기까지를 한꺼번에 그려 보았습니다. 태양계에서의 거리는 광년*이라는 단위로 나타내는데, 먼 곳을 본다는 말은 그만큼 아주 오랜 옛날을 본다는 의미입니다. 예를 들어 안드로메다은하는 230만 광년이나 떨어져 있는데, 이것은 안드로메다은하의 빛이 230만 년에 걸쳐 우리의 눈에 닿게 되었다는 얘기죠. 여기서는 이번 장의 마무리로 인류가 볼 수 있는 우주의 모든 것을 살펴보겠습니다.

게 성운 7200광년

플레이아데스 성단 (111쪽) 410광년

오리온 대성운 (112쪽) 1500광년

베가 25광년

오르트의 혜성운 (73쪽) 1광년

태양계

센타우루스자리 알파별 4.3광년

알타이르 17광년

데네브 1400광년

← 1광년

시리우스 8.7광년

카스토르 51광년

은하계의 내측
태양계 너머로 밤하늘을 통해 익숙한 각종 항성과 성운*(112쪽)이 보입니다. 과학자는 이들을 통해 별의 일생을 생각합니다.

← 10광년

글리제 581 20.4광년

베텔게우스 (98쪽) 640광년

고리 성운 (105쪽) 2600광년

← 100광년

백조자리 6100광년

가장 멀리서 발견된 은하
사진은 허블 우주망원경이 허블 울트라 딥 필드(79쪽)의 중심부를 한층 선명하게 포착한 것입니다. 그 안에서 지금까지 발견된 어느 은하보다 먼 132억 광년 거리의 은하가 발견되었습니다. 이와 같이 멀리 있는 천체일수록 색깔이 붉게 보이는 성질이 있는데, 우주는 팽창하고 있으며(141쪽) 멀리 있는 천체일수록 빠른 속도로 지구에서 멀어져 가기 때문에 거기서 전달되는 빛이 확장되어 붉게 보이는 것입니다. 이 은하가 붉은 이유도 바로 이런 현상인 '적색이동(red shift)' 때문입니다.

← 1000광년

← 1만 광년

은하계

← 10만 광년

용어집 *우주배경복사=우주의 모든 방향에서 같은 강도로 오는 전파. *광년=1광년은 빛이 1년간 진행하는 거리.
*성운=우주에 있는 가스와 먼지의 구름으로, 여기서 별이 탄생한다.

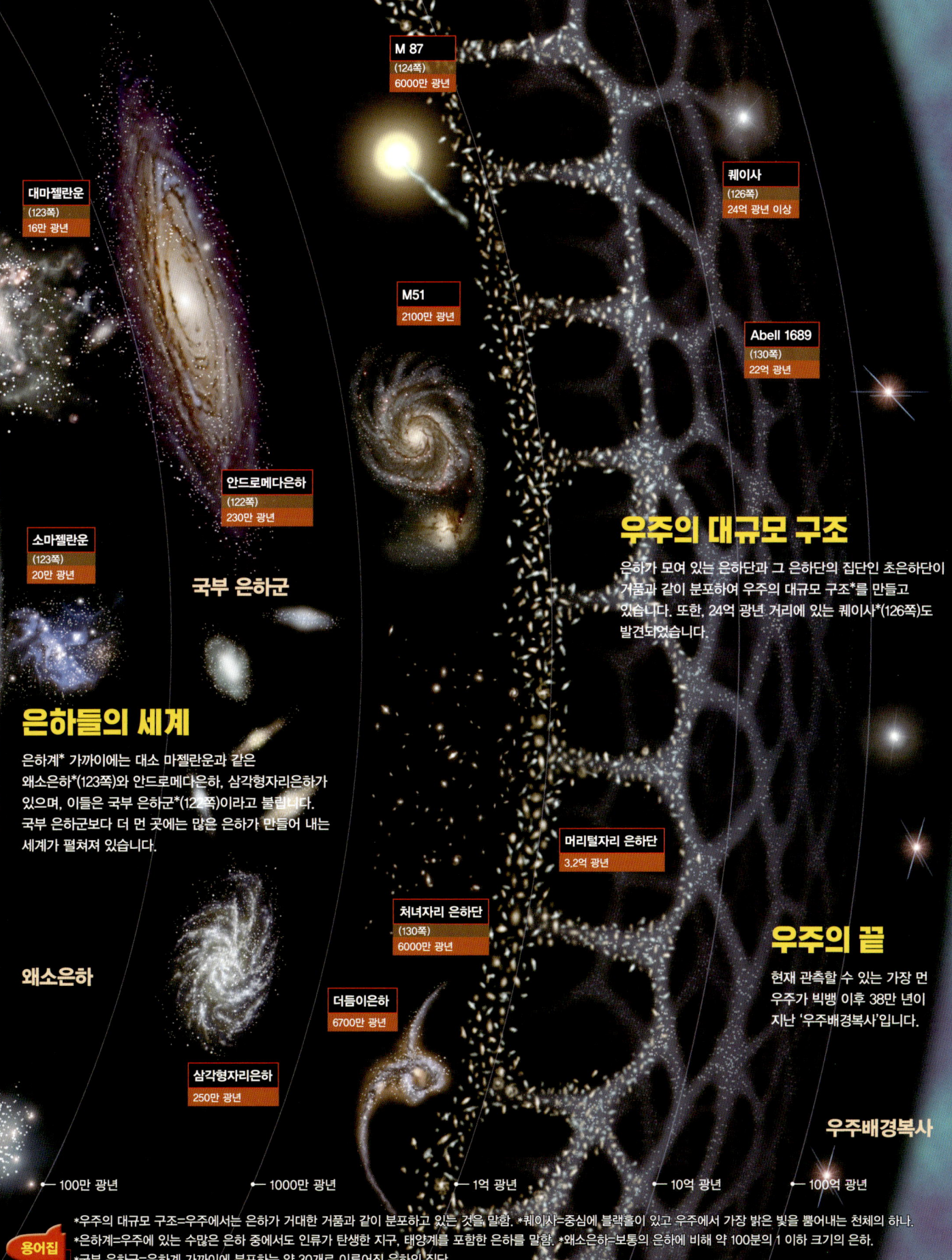

제5장
우주론
Cosmology

아주 오래된 빛

천체가 멀수록 빛이 지구까지 도달하는 데는 시간이 걸립니다. 즉 멀리 있는 것일수록 과거의 모습을 보여 주는 것이지요. 그런데 도대체 얼마나 깊이 우주를 볼 수 있을까요? 우리가 볼 수 있는 가장 멀고 가장 오래된 우주는 아래 녹색 부분입니다. 이 아주 오래된 빛의 흔적을 우주배경복사라고 합니다.

우주의 시작

137억 년 전, 진공* 속의 에너지가 아주 작았던 우주가 빛의 속도를 뛰어넘는 속도로 급격하게 팽창하였습니다. 우주가 시작된 순간입니다. 초기 우주는 방대한 에너지에 의해 초고온의 불덩어리와 같이 가열되었습니다. 마침내 팽창과 더불어 식으면서 소립자*를 생성해 현재 우리가 사는 세계를 만든 물질이 탄생했습니다.

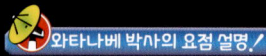 와타나베 박사의 요점 설명!

우리가 살고 있는 지구는 광대하게 퍼진 우주의 한 귀퉁이에 있는 행성에 지나지 않습니다. 많은 은하에 의해 이루어져 셀 수 없을 정도의 항성이 반짝이는 이 우주는 도대체 언제 어떻게 시작되었을까요? 멀리 있는 우주에서 온 과거의 우주의 모습을 관측하고 시공의 방정식을 풂으로써 우리는 우주의 시작을 더듬어 가려고 하고 있습니다. 그럼 이제 신비로움으로 가득한 우주의 역사를 살펴보도록 할까요.

우주의 암흑시대

태어난 직후의 고온의 우주는 플라스마*에 가득 차 있었습니다만, 마침내 팽창하면서 식어 가 빛을 뿜어내는 것이 없는 암흑시대를 맞이합니다. 수억 년이 지나 최초의 천체(퍼스트 스타)가 탄생하자 그 강한 빛에 의해 우주는 또다시 데워졌습니다.

 *진공=물질이 전혀 없는 상태. *소립자=물질을 구성하는 최소 단위. *플라스마=전기를 띤 입자를 포함한 기체를 말함.

별에서 은하로

우주 탄생에서 수억 년 후 수소 가스 구름 속에서 탄생한 태양의 수십 배나 되는 거대한 고온의 항성이 우주 최초의 천체였다고 여겨지고 있습니다. 우주가 성장해 가자 원시 은하*에서 많은 별이 태어나 은하가 탄생합니다.

현재의 우주

천체까지의 거리가 떨어져 있을수록 빛이 지구에 도달하는 데는 시간이 걸립니다. 그 때문에 지금 현재의 우주의 모습을 볼 수는 없습니다. 우리가 보고 있는 우주배경복사의 범위(일러스트의 녹색 부분)는 현재 빛을 뛰어넘는 속도로 팽창하고 있으며 470억 광년 거리까지 퍼져 있는 것으로 생각됩니다.

태양계의 형성

46억 년 전에 성간 분자구름*이 중력으로 인해 수축하면서 원시 태양*이 탄생했습니다. 마침내 핵융합 반응*을 시작해 주계열성*으로써 반짝이기 시작합니다. 원시 태양의 둘레에 남겨진 가스와 먼지의 원반에서는 지구를 비롯한 행성이 탄생했습니다.

용어집 *원시 은하=가스의 구름 속에서 형성되는 초기의 은하. *성간 분자구름=별과 별 사이에 있는 저온, 고밀도의 가스 구름. 이 안에서 항성이 탄생한다. *원시 태양=핵융합 반응이 이루어지지 않은 단계의 태양. *핵융합 반응=두 개의 원자핵이 융합하여 새로운 원자핵이 만들어지는 반응. *주계열성=성장 과정에 있는 아주 보통의 항성. 태양도 이 단계.

우주의 역사 ①

시작은 '무'였다

와타나베 박사의 요점 설명!

우리의 우주는 137억 년 전에 탄생했습니다. 눈에도 보이지 않을 정도의 작은 세계에서 지금의 광대한 우주가 어떻게 탄생했는지, 상상을 초월하는 우주 창세의 수수께끼가 서서히 밝혀지고 있습니다. 우주의 최초 단계에는 무엇이 있었을까요? 상상하기도 쉽지 않지만, 거기엔 아무것도 없었습니다. 일체의 물질은 물론이고 시간과 공간조차 존재하지 않았지요. 이러한 '무'의 상태로 끊임없이 흔들리는 에너지 안에서 작은 우주가 탄생했다 사라지기를 반복하다가 그중 하나를 통해 비로소 우리의 우주가 시작되었습니다.

처음엔 아무것도 없었구나.

지금은 엄청 큰 우주인데 말이야!

압도적인 속도로 공간이 확대된
인플레이션

한 점에서 시작된 우주는 탄생 직후의 10의 34승 분의 1초라는 매우 짧은 사이에 빛의 속도를 뛰어넘는 속도로 기하급수적으로 팽창했습니다. 이 급격한 팽창을 '인플레이션'이라고 합니다.

시간 — 인플레이션

초고온의 불덩어리 우주
빅뱅

우주는 현재도 팽창을 계속하고 있습니다. 과거로 거슬러 올라가면 탄생 직후 우주는 지금보다 훨씬 작고 모든 물질이나 에너지가 집중하여 초고온, 초고밀도의 세계였습니다. 그것은 아직 원자도 형태를 이루기 전으로 소립자*가 날아다니는 불덩어리와 같은 우주. 그것이 바로 빅뱅입니다.

시간 — 빅뱅

소립자가 탄생하다
100종류 이상의 소립자가 탄생했습니다. 이것들이 격렬하게 운동하면서 우주를 채웠습니다.

용어집 *소립자=물질을 구성하는 최소 단위.

우주의 끝에서 온 빛
우주배경복사

초기 우주에서는 빛이 고온으로 격렬하게 운동하는 전자와 충돌하여 빛을 꿰뚫어 볼 수 없었습니다. 우주 탄생에서 38만 년경 원자핵과 전자가 결합하여 원자가 되고 빛이 통과할 수 있게 됩니다. 이것을 '재결합(Recombination; 우주의 맑게 갬)'이라고 하는데, 우주에서 가장 오래된 눈으로 볼 수 있는 빛인 우주배경복사입니다.

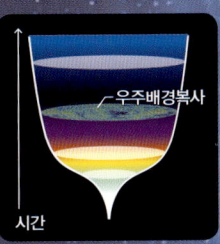

가스 안에서 반짝이는 우주 최초의 별
퍼스트 스타

우주에서 최초의 별이 언제 탄생했는지는 아직 잘 모릅니다. 우주 탄생 38만 년 후부터 한동안은 우주에 별이 하나도 없는 암흑시대였습니다. 아마도 수억 년 정도 지났을 무렵에 거대한 가스 구름 속에서 탄생한 최초의 별(제1세대 천체)은 태양보다 40배 정도나 무겁고 고온에 강하게 빛을 발했던 거대한 별이었을 것으로 여겨지고 있습니다. 오른쪽 일러스트에서 오렌지색으로 크게 빛을 발하는 별이 최초의 별 '퍼스트 스타'의 상상도입니다.

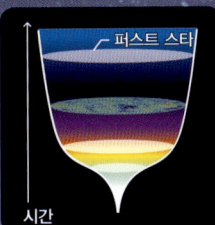

우주배경복사의 온도 요동
파란색은 우주의 온도가 낮았을 때, 빨간색은 높았을 때를 나타냅니다.

WAMP
우주의 전파를 정확하게 측정하기 위해 NASA가 쏘아 올린 전파 천문 관측 위성.

우주와 인간
불덩어리 우주의 흔적을 발견한 펜지어스와 윌슨

사진 오른쪽: 아노 펜지어스 (1933~)
사진 왼쪽: 로버트 윌슨 (1936~)

왼쪽 페이지에서 소개한 우주의 시작 '빅뱅 이론'은 처음에는 누구나가 이해할 수 있는 것이 아니었습니다. 미국의 벨연구소의 펜지어스와 윌슨은 매우 약한 전파가 우주의 온갖 방향에서 온다는 것을 발견했습니다. 바로 우주배경복사입니다. 이것이야말로 빅뱅 이론이 예측한 '불덩어리 우주'의 흔적이었기 때문입니다. 이 발견이, 그동안 널리 지지를 받지는 못했던, 우주에는 시작이 있다고 하는 빅뱅 이론의 흔들림 없는 증거가 되어 갔습니다.

우주의 역사 ②
우주의 진화와 암흑물질

와타나베 박사의 요점 설명!

물질이 전혀 존재하지 않는 '무'의 상태에서 탄생한 우주는 137억 년의 역사 속에서 별과 은하를 만들어 내면서 지금 우리가 사는 우주로 진화해 왔습니다. 우주가 진화하는 과정에서 보이지 않는 물질인 '암흑물질'에 의한 중력과 우주를 팽창시키는 '암흑에너지*'(140쪽)가 서로 작용해 왔습니다. 그렇게 해서 은하의 형태와 우주의 대규모 구조*(133쪽)가 형성되었던 것입니다.

탄생에서 2억 년 후의 우주입니다. 암흑물질이나 그 밖의 물질의 밀도가 높은 장소와 낮은 장소가 있었습니다. 그리고 그것을 '요동(흔들림)'이라고 합니다. 요동은 서서히 성장해 가게 되고, 퍼스트 스타(137쪽)가 빛을 발하기 시작한 것도 이 무렵입니다.

우주는 진화한다!

지금 보는 4개의 그림은 초기 우주에서 암흑물질이 어떻게 존재하고, 우주의 진화에 어떻게 관여해 왔는지를 컴퓨터로 시뮬레이션한 것입니다. 암흑물질은 실제로는 눈에 보이지 않지만, 여기서는 색의 농도로 밀도를 나타내고 있습니다.

탄생에서 10억 년 후의 우주입니다. 색깔이 밝은 장소일수록 암흑물질의 밀도가 높습니다. 또 암흑물질이 짙은 장소일수록 별이나 가스가 많이 존재하는 것으로 여겨지고 있습니다. 이 무렵부터 작은 은하가 충돌과 합체를 반복하면서 조금씩 커져 나갑니다.

베일에 싸인 물질

은하계의 움직임을 조사하다 보면 별이나 가스에 의한 중력만으로는 설명이 안 되는 점이 많습니다. 은하단*(130쪽) 전체에 작용하는 중력도 은하의 질량*만으로는 설명이 부족합니다. 이런 점에서 은하는 눈에 보이지는 않지만, 어떠한 질량을 가진 물질에 에워싸여 있는 것으로 생각되는 것이지요. 이 물질을 '암흑물질'이라고 합니다. 우주에는 눈에 보이는 물질의 4배 이상의 암흑물질이 존재하는 것으로 여겨지고 있습니다.

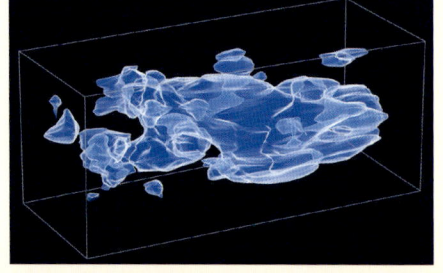

은하단 관측을 토대로 상정된 암흑물질의 분포(얼음과 같은 부분). 우주에는 이와 같은 암흑물질이 존재하는 것으로 여겨지고 있습니다.

용어집
*암흑에너지=우주 공간에 가득 차 있으며 우주가 팽창하는 기세를 더하는 작용을 지니고 있다.
*우주의 대규모 구조=우주에는 은하가 거대한 거품과 같이 분포하고 있음을 말한다. *퍼스트 스타=우주에서 최초로 탄생한 별.
*은하단=수백 개로 이루어진 은하 집단. *질량=물체가 가지고 있는 물체 고유의 양.

두 개의 암흑물질

무수한 별과 은하로 이루어진 현재의 우주의 구조. 우주가 형성되었을 무렵 질량이 있는 물질, 암흑물질이 뜨거웠는지 차가웠는지에 따라 우주의 진화 형태는 크게 달라졌을 것으로 여겨지고 있습니다.

현재의 우주는 어느 쪽?

대규모 구조가 어떻게 형성되는지, 컴퓨터 시뮬레이션에 의해 활발한 연구가 이루어지고 있습니다. 차가운 암흑물질이 지배하는 경우에는 은하가 모여서 은하단을 만드는 우주의 대규모 구조와 비슷한 결과가 됩니다. 암흑물질의 정체는 아직 밝혀지지 않았지만, 어쩌면 암흑물질은 차가운, 즉 무거운 소립자가 대부분을 차지하고 있는 것 같습니다.

뜨거운 암흑물질이 만드는 우주

중성미자(Neutrino)*와 같이 가볍고 운동이 격렬한 소립자*, 즉 '뜨거운 암흑물질'을 가둬 두려면 강한 중력이 필요하므로 은하단과 같은 커다란 구조밖에 만들 수 없었을 것으로 생각되고 있습니다.

차가운 암흑물질이 만드는 우주

한편, '차가운 암흑물질'은 무겁고 운동 속도가 느린 소립자로, 중력으로 모이기 쉽기도 해서 은하와 같은 자그마한 구조까지 만들 수 있는 것으로 여겨지고 있습니다.

탄생에서 47억 년 후. 보이드나 거품과 같은 구조가 또렷하게 보이기 시작했습니다.

탄생에서 137억 년 후인 현재의 우주. 그림의 중심 부분에는 많은 암흑물질이 모여 있습니다. 실제 우주에서 이처럼 암흑물질이 밀집하는 곳에는 거대한 은하단이 형성되어 있습니다.

용어집
*중성미자=물질 등을 구성하는 최소 단위로 볼 수 있는 소립자의 하나. *소립자=물질을 구성하는 최소 단위.
*보이드=우주 공간에서 은하가 커의 존재하지 않는 영역.

우주의 역사 ③
암흑에너지와 우주의 미래

우주의 미래는 어떻게 될까?

현재 우주는 가속 팽창을 하고 있는 것으로 알려졌습니다. 그렇다면 앞으로도 우주는 계속 팽창해 나가게 될까요? 자세한 내용은 아직 밝혀지지 않았습니다. 하지만 중력과는 반대인, 공간이 팽창하는 속도를 올리는 '암흑에너지*'를 이용함으로써 우주의 미래가 어떻게 될지를 예측해 볼 수는 있습니다. 여기서는 그 세 가지 우주의 미래를 소개합니다.

빅 크런치(Big Crunch)
천체가 접근하여 충돌하면서 우주 전체가 고온, 고밀도의 한 점으로 찌그러져 소멸하게 됩니다.

1,000억 년 후

50억 년 후

현재

현재

① 수축하는 우주
암흑에너지가 감소한 경우 우주 안에 있는 물질의 중력이 팽창하는 힘보다 강력해지므로 우주가 수축하게 됩니다.

② 영원한 팽창
암흑에너지의 밀도가 일정하면 우리가 사는 우주는 영원히 가속 팽창을 계속하게 됩니다. 중력이 강해서 지구와 가까운 천체 이외는 모두 빛의 속도를 뛰어넘는 속도로 지구에서 멀어지면서 하늘에서 그 모습을 지우게 되겠지요.

③ 급격하게 팽창하는 우주
암흑에너지의 밀도가 계속 증가하면 팽창하는 속도가 매우 빨라지게 됩니다. 은하끼리 서로 끌어당기는 힘보다도 우주가 팽창하는 힘이 더 세므로 은하는 충돌하지 않고 멀어지게 됩니다.

현재

 우주의 시작

 *암흑에너지=우주에 균일하게 차 있으며 우주 팽창의 기세를 더하는 작용을 가지고 있다.

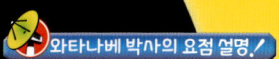

와타나베 박사의 요점 설명!

우리는 지금까지 관측과 이론을 축적하여 우주의 역사를 하나씩 하나씩 밝혀 왔습니다. 그렇다면 앞으로의 우주는 어떻게 진화해 나가게 될까요? 우주가 수축할지, 계속 팽창할지 그 열쇠는 우주를 채우고 있는 눈에 보이지 않는 물질인 암흑물질*, 그리고 우주를 팽창시키는 암흑에너지가 쥐고 있다고 할 수 있겠습니다. 이 우주에 작용하는 중력과 에너지의 균형에 의해 우주의 운명은 크게 달라지겠지요.

10^{100}년 후

별 형성의 정지

별의 재료가 되는 수소나 헬륨은 항성 안에서 핵융합 반응*을 일으켜 조금씩 소멸되어 갑니다. 마침내 전부 다 타버리면 새로운 별이 태어나지 못하게 되는 것이죠. 여기까지 오는 데는 100조 년의 시간이 걸린다고 합니다.

빅 칠(Big Chill)

양자론*에서는 물질이 없는 장소에서 돌연 입자와 반입자*가 탄생하는 경우가 있는 것으로 여겨지고 있습니다. 한쪽이 블랙홀*에 빠지면 남은 입자가 떠납니다(증발). 이렇게 해서 10^{100}년(1의 뒤에 0이 100개 붙음)이라고 하는 터무니없이 오랜 시간에 걸쳐 블랙홀이 증발해 버리고 나면 우주에는 공간과 소립자*만 남습니다. 이를 가리켜 '빅 칠'이라고 합니다.

블랙홀

큰 상태일 때는 증발이 천천히 일어납니다.

작아짐에 따라 급격하게 증발이 진행됩니다.

최종적으로는 사라져 버립니다.

100조년 후

빅 립(Big Rip)

놀랄만한 팽창에 의해 은하를 비롯해 우리 인간과 같이 자그마한 것에 이르기까지 모든 물질이 소립자 레벨로 뿔뿔이 흩어져 버리고, 공간만이 계속 확대해 가게 됩니다.

뿔뿔이 흩어지고 있는 은하

우주와 인간

우주는 많이 존재하고 있을지도 모른다!

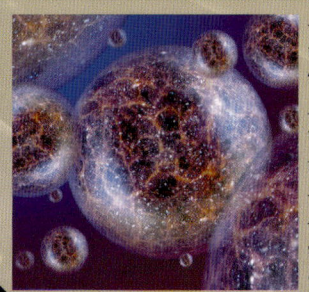

우주가 어떻게 시작되었는지 그 메커니즘은 아직 밝혀지지 않았습니다. '무' 상태에서 에너지가 끊임없이 요동치는 가운데 지금의 우주가 탄생했다고 한다면 우주가 단 하나뿐이라고는 할 수 없을 것 같습니다. 우리가 사는 우주 이외에도 다수의 다른 우주가 생겨나고 있을 가능성도 없지는 않겠죠. 이 설을 '다중우주론(Multiverse)' 이라고 합니다.

눈에 보이는 우주는 불과 4%?

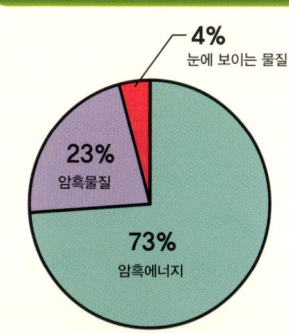

4% 눈에 보이는 물질
23% 암흑물질
73% 암흑에너지

우주배경복사*의 미세한 요동을 통해 우주에 있는 물질의 양이 세세하게 측정되고 있습니다. 현재 수소와 헬륨 등의 물질은 우주 전체의 고작 4%밖에 존재하지 않는다는 사실이 밝혀졌고, 나머지 23%는 암흑물질, 73%는 암흑에너지입니다. 우주에 있는 물질의 96%는 눈으로 볼 수 없는 것이지요.

용어집 *핵융합 반응=두 개의 원자핵이 결합하여 새로운 원자핵이 만들어지는 반응. *암흑물질=은하를 뒤덮고 있으며 주위에 중력을 미치는 눈에는 보이지 않는 물질로 다크 매터(dark matter)라고도 함. *양자론=물리학 이론. *반입자=어느 한 입자와 반대의 성질을 가진 입자. *블랙홀=강력한 중력으로 인해 물질도 빛도 탈출할 수 없는 천체. *소립자=물질을 구성하는 최소 단위. *우주배경복사=우주의 모든 방향에서 같은 강도로 오는 전파.

제6장
우주 개발
Space Development

 와타나베 박사의 요점 설명!

인간이 우주를 처음 비행한 것은 지금으로부터 50년 이상이나 전인 1961년. 이때 구소련(현재의 러시아)의 유리 가가린(Yurii Gagarin)은 지구를 한 바퀴 돌았을 뿐이었습니다. 그로부터 쭉 인류는 우주에의 도전을 이어왔고 지금은 궤도상에 거대한 ISS(국제 우주정거장)를 건설하기에 이르렀지요. 국제 우주정거장 계획에는 많은 나라가 참가했습니다. 모두가 협력하여 우주에서의 생활이라는 새로운 세계를 개척하려고 하고 있습니다.

② **로봇 암**

콜럼버스
과학 실험을 위한 유럽 각국의 모듈.

③ **도킹 모듈**

로봇 암

고노도리

일본의 보급선 '고노도리(황새라는 뜻)'를 ISS의 로봇 암이 단단히 붙잡고 있는 모습입니다. 로봇 암은 ISS에 없어서는 안 되는 장치로 우주 비행사의 선외 활동 시에도 중요한 역할을 합니다.

로보넛 2
NASA가 ISS에 반입한 우주 로봇. 우주에서는 장래 다양한 능력을 지닌 로봇이 활약할 것으로 여겨지고 있습니다. 로보넛 2(Robonaut2)는 그것을 위한 기초적인 실험에 사용됩니다.

하늘보다 높이 나는 사람
우주 비행사

와타나베 박사의 요점 설명!

현재 ISS에서는 6인의 우주 비행사가 항상 체류하는 체제가 갖춰져 있습니다. 우주 비행사는 동경하는 직업 중 하나일 텐데, 그들이 우주에서 보내는 일상은 매우 분주합니다. 과학 실험, 의학 실험, 지구 관측 등의 스케줄이 쌓여 있을 뿐 아니라, ISS의 각 장치를 관리하고 수리 및 청소도 해야 하며, 또 필요에 따라 우주선 밖에서의 선외 활동도 해야 하죠. 그래서 우주 비행사는 ISS에 가기 전에 지상에서 맹훈련을 받습니다. 그리고 ISS에서 약 반년 체류하면 다음 사람과 교대합니다.

우주복 어셈블리
선외 활동을 할 때 입는 우주복 중 생명 유지 장치를 제외한 부분을 가리켜 우주복 어셈블리라고 합니다. 진공, 극단적인 고온이나 저온으로부터 우주 비행사를 지키기 위해 14겹이나 되는 천으로 만들어졌습니다.

라이트
ISS에서는 45분마다 밤이 오기 때문에 선외 활동 중에 라이트는 필수입니다. 현재는 LED 라이트가 사용되고 있습니다.

선외 활동과 우주복

선외 활동 중인 호시데 아키히코 우주 비행사.

인간이 우주로 나가 일을 하려면 우주복(선외 활동 유닛)이 필요합니다. 우주 공간은 공기가 전혀 없는 진공 상태입니다. 또, 태양의 빛이 닿는 곳은 100℃ 이상, 태양의 빛이 닿지 않는 곳은 -100℃ 이하가 됩니다. 우주복에는 이러한 엄격한 환경에서도 활동할 수 있도록 다양한 궁리가 이루어져 있습니다.

생명 유지 장치
우주 비행사의 호흡에 필요한 산소 탱크나 내뱉은 호흡 속에 포함된 이산화탄소를 제거하기 위한 장치 등이 들어가 있습니다.

글로브
손끝을 움직여 자잘한 작업을 할 수 있도록 궁리되어 있습니다. 실리콘 고무로 되어 있어서 손끝으로 힘을 느낄 수 있습니다.

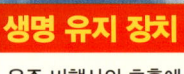
우주와 인간

우주 비행사가 되려면?

지구로 귀환한 후루카와 사토시 우주 비행사.

우주 비행사가 되려면 엄격한 선발 시험에 합격해야 합니다. 우주와 관련된 공부를 한 사람뿐 아니라 다양한 분야의 전문가가 우주 비행사가 됩니다. 우주 비행사가 되는 데 가장 필요한 것은 분야가 뭐든 자신의 분야에서 쌓은 지식과 성과를 통해 필요한 도움을 주고자 하는 마음가짐과 자세라고 할 수 있습니다.

헬멧

헬멧 앞면은 투명한 플라스틱으로 되어 있습니다. 강렬한 태양광선을 누그러뜨리기 위해 금으로 코팅한 커버도 준비되어 있습니다.

음료수 백

오랜 시간 선외 활동을 할 때는 수분 보급도 중요합니다. 백에는 621ml의 음료수가 들어가 있습니다.

우주 공간에서의 생활

우주 비행사는 ISS에서도 하루 24시간의 규칙적인 생활을 합니다. 일은 1일 약 8시간, 기본적으로 토요일과 일요일은 쉽니다. ISS에서는 무중력* 상태이므로 오른쪽 사진과 같이 물이 둥근 형태로 떠오릅니다. 그래서 지상에서와 같은 생활을 하려면 여러 가지 궁리가 필요하지요.

트레이닝

무중력 상태이므로 근육이나 뼈가 점점 약해지게 됩니다. 그렇게 되지 않도록 우주 비행사는 1일 2시간 근력 운동을 하도록 되어 있습니다.

식사

사진은 일본식 도시락 형태로 된 우주식입니다. 우주에서는 음식물이 떠오르지 않도록 고형물 상태이거나 플라스틱 용기에 들어가 있거나 합니다. 용기를 고정하는 것도 중요합니다.

수면

ISS에는 개별실이 마련되어 있으며 우주 비행사는 이 안에서 수면을 취합니다. 몸이 뜨지 않도록 고정해서 잠을 자는 사람도 있습니다.

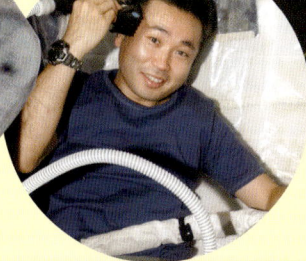

머리 깎기

우주에서 머리를 깎게 되면 머리카락이 사방으로 튀게 됩니다. 만일 이 머리카락이 어느 장치에 들어가기라도 한다면 위험하겠죠. 그래서 우주에서는 청소기가 달린 이발기를 사용합니다.

우주 비행사의 훈련

우주 비행사는 여러 가지 훈련을 받은 후 ISS로 가게 됩니다. 어떤 훈련이 있는지, 그 몇 가지를 소개하겠습니다. 여기서 소개하는 훈련 이외에 야외에서의 서바이벌 훈련이나 우주에 관한 과학과 기술에 관한 공부 등도 있습니다.

무중력 상태 적응을 위해

지상에서는 무중력 상태를 만들기가 어렵습니다. 상승 중인 비행기의 엔진을 멈추면 약 25초간 무중력 상태가 됩니다. 우주 비행사는 이런 상황을 이용해 무중력 상태에 익숙해지는 훈련을 합니다.

선외 활동 적응을 위해

선외 활동 훈련에는 거대한 풀장이 이용됩니다. 우주 비행사가 들어간 우주복의 무게를 물속에서 뜨는 힘과 균형이 맞도록 하면 무중력 상태와 거의 같은 환경을 만들 수 있습니다.

폐쇄된 공간 적응을 위해

ISS에서의 활동을 위한 훈련을 해저에서 하는 것이 NEEMO(NASA의 극한 환경 미션 수행 프로그램)입니다. 해면 아래 약 20m에 설치된 연구실 '아쿠아리우스(Aquarius)'에 팀으로 약 2주간 체류하면서 ISS에서의 활동에 필요한 능력을 키웁니다.

용어집 *무중력=중력을 느끼지 못하는 현상.

🇷🇺 **프로톤** 1965년~	🇨🇳 **장정 2호** 1974년~	🇺🇸 **델타 II** 1989년~	**아리안 V** 1996년~
높이 : 66m 무게 : 746톤	높이 : 62m 무게 : 464톤	높이 : 37~39m 무게 : 232톤	높이 : 45~55m 무게 : 745~750톤

중량물을 쏘아 올리기 위해 개발된 러시아의 대형 로켓. 긴 역사를 지니고 있습니다만, 지금도 사용되고 있습니다. 국제 우주정거장을 건설할 때도 활약했습니다.

장정(長征) 2호는 인공위성을 쏘아 올리기 위해 개발된 중국의 로켓입니다. 이 가운데 장정 2F라는 로켓은 중국의 유인 우주선 '신주(神舟)'를 쏘아 올리는 데 사용되고 있습니다.

미국에서 개발된 로켓입니다. 각종 인공위성을 쏘아 올리는 데 이용되었습니다. 또한, NASA의 화성 탐사선을 발사할 때도 이 로켓이 사용되었습니다.

아리안 V는 유럽에서 개발된 아리안 시리즈의 로켓 중에서도 가장 대형으로 중량물을 쏘아 올리는 데도 이용됩니다. 또한, 정지 궤도 위성 2대를 동시에 쏘아 올릴 수 있습니다.

🇯🇵 **H-IIA** 2001년~	🇺🇸 **아틀라스 V** 2002년~	🇺🇸 **델타 IV** 2003년~	🇺🇦 **제니트 3F** 2011년~
높이 : 53m 무게 : 289톤	높이 : 58m 무게 : 335톤	높이 : 63~72m 무게 : 250~733톤	높이 : 60m 무게 : 471톤

일본에서 개발된 로켓으로 인공위성을 쏘아 올릴 때나 ISS에 물자를 보급할 때 등에 사용되고 있습니다. 쏘아 올릴 인공위성의 무게에 맞춰 4가지 형태가 있습니다.

인공위성 발사에 오랜 역사를 가진 미국의 아틀라스 로켓 시리즈의 최신형입니다. 대형 위성을 쏘아 올리는 미국의 주력 로켓의 하나입니다.

아틀라스 V보다 새롭고 큰 로켓입니다. 거의 실패가 없다고 하는 발사 실적을 가지고 있습니다.

제니트는 우크라이나의 로켓입니다. 수많은 인공위성을 쏘아 올리는 데 사용되어 왔습니다. 제니트 3F는 제니트 시리즈 중에서도 가장 새로운 3단식 로켓입니다.

H-ⅡB 샅샅이 들여다보기!
우주 로켓 대해부

와타나베 박사의 요점 설명!

지구 이외의 행성으로 향하는 탐사선, 우리들 생활을 풍요롭게 해 주는 인공위성. 우주 로켓은 우주로 향하는 기계를 싣고 날아갑니다. 일본이 만든 로켓 H-ⅡB를 샅샅이 살펴보면서 우주 로켓의 비밀을 들여다볼까요.

고체 로켓 부스터 (SRB-A)

쏘아 올릴 때 메인 엔진을 돕기 위해 H-ⅡB에는 4기가 탑재되어 있습니다. 약 2분 후에 분리됩니다. 연료는 고체 연료입니다.

제1단 메인 엔진 (LE-7A, 2기)

H-ⅡA 로켓에 사용되는 LE-7A 엔진을 2기 묶어 놓고 있습니다. 강력한 엔진을 2기 동시에 연소시키는 데는 고도의 기술이 필요했습니다.

H-ⅡB 로켓 3호기

일본의 JAXA와 미쓰비시중공업이 공동으로 개발한 우주 로켓입니다. 1호기는 2009년에 발사되었습니다. 3호기는 2012년 7월 21일에 우주정거장 보급선 고노도리 3호기를 싣고 발사되었습니다.

제1단 액체 수소 탱크

LE-7A 엔진의 연료인 액체 수소를 적재하고 있습니다.

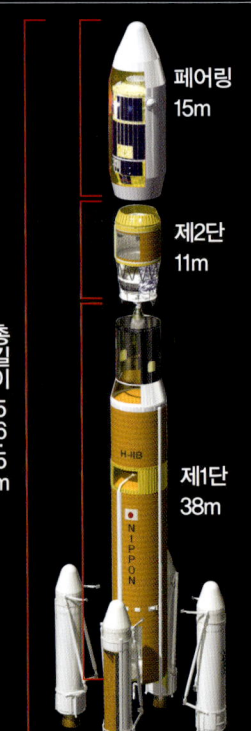

H-ⅡB 2009년~
무게: 531톤
총길이 56.5m
- 페어링 15m
- 제2단 11m
- 제1단 38m

로켓이 날아가는 구조

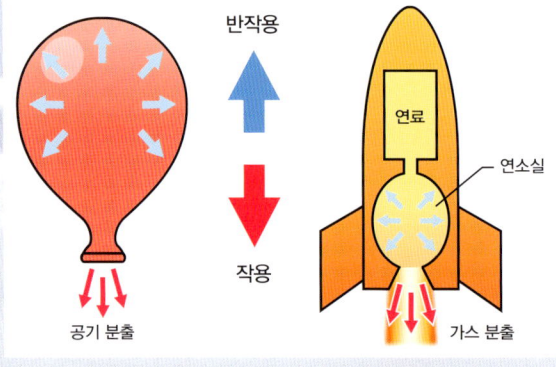

반작용 / 작용 / 공기 분출 / 연료 / 연소실 / 가스 분출

로켓 엔진으로 연료를 태워 아래 방향으로 가스를 분출하면 그 반동으로 같은 크기의 힘이 위를 향해 작용합니다. 이 힘을 반작용이라고 하며, 이 반작용으로 로켓은 우주로 날아갈 수 있는 것입니다. 바람을 불어넣은 풍선을 손에서 놓았을 때 공기를 내뿜으면서 날아가는 것과 같은 이치입니다.

제1단 액체 산소 탱크
수소를 태우려면 산소가 필요합니다. 그러기 위한 액체 산소를 적재하고 있습니다.

제2단 액체 산소 탱크

제2단 액체 수소 탱크

페어링
(5S-H형)
발사할 때 고노도리 3호기를 공기 저항에서 지키기 위해 덮개가 씌워집니다.

고노도리 3호기
(HTV 3)
고노도리 3호기는 국제 우주정거장에 물자를 운반하는 무인 우주선입니다. 우주 비행사의 식량, 일용품, 실험 기자재 등을 운반합니다.

제2단 엔진
(LE-5B)
발사 약 6분 후 역할을 마친 메인 엔진을 포함한 제1단이 분리된 후에 연소를 시작합니다.

우주와 인간
●일본의 우주 개발의 아버지●

이토카와 히데오는 도쿄대학 생산기술연구소 내에 다양한 분야의 연구자들을 모아 로켓의 연구를 시작했습니다. 1955년에 일본 최초의 로켓 '펜슬 로켓'을 개발했고 그 후에도 다양한 로켓 개발에 참여했습니다. 일본의 우주 개발의 문은 그에 의해 열렸던 것이지요.

이토카와 히데오(1912~1999)와 펜슬 로켓.

H-ⅡB 로켓 3호기의 발사

2012년 7월 21일 오전 11시 06분에 다네가시마 우주 센터(Tanegashima Space Center)에서 고노도리 3호기가 H-ⅡB 로켓에 의해 발사되었습니다.

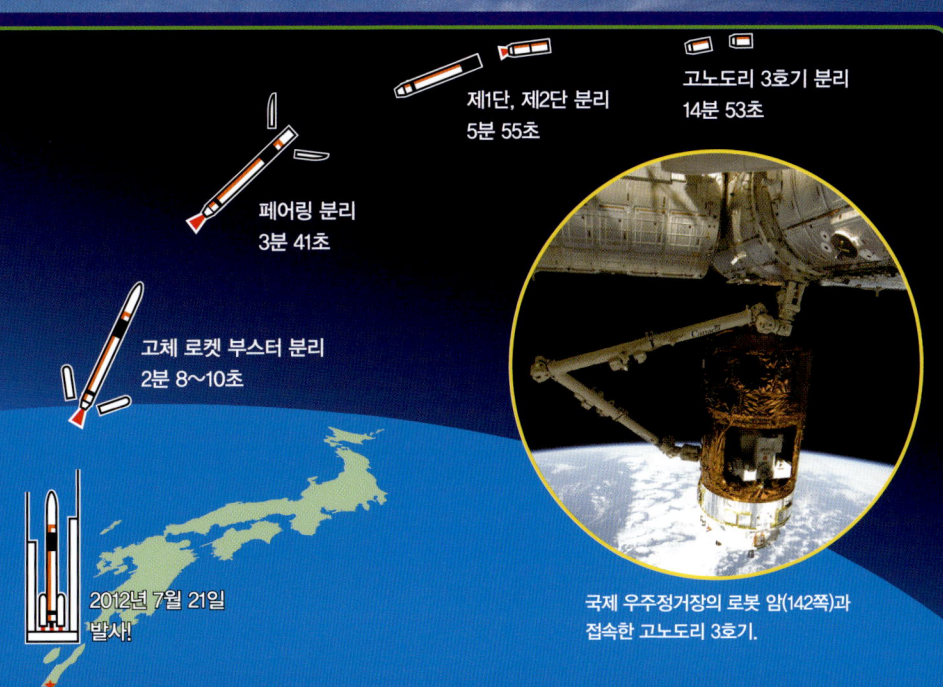

고노도리 3호기 분리
14분 53초

제1단, 제2단 분리
5분 55초

페어링 분리
3분 41초

고체 로켓 부스터 분리
2분 8~10초

2012년 7월 21일 발사!

국제 우주정거장의 로봇 암(142쪽)과 접속한 고노도리 3호기.

사람, 물자를 운반하는
우주선들

와타나베 박사의 요점 설명!

우주 공간은 공기가 없고 태양의 빛이 닿는 장소와 그늘의 온도 차이가 무려 약 300℃나 됩니다. 그 때문에 인간이 타는 우주선은 이러한 우주의 엄격한 환경에서 우주 비행사를 지켜야 하지요. 교통수단으로써의 우주선을 생각한다면 방향이나 궤도를 자유자재로 바꿀 수 있는 능력도 필요합니다. 또한, 우주 비행사가 생명의 위험에 노출되는 고장은 허용되어서는 안 되겠죠. 이 모든 조건을 충족시켜야 하는 우주선이니 고도 기술의 집합체일 수밖에요.

🇺🇸 스페이스 셔틀
1981~2011년

미국이 만든 날개를 지닌 우주선입니다. 글라이더와 같이 활주로로 귀환할 수 있으며 지상과 우주를 여러 차례 왕복할 수 있습니다. 스페이스 셔틀로 500명 이상의 우주 비행사가 우주를 다녀왔습니다.

🇺🇸 오리온
2014년~

NASA가 개발한 새로운 우주선입니다. 달이나 소행성, 화성 등 지구를 도는 궤도보다 더 멀리 가기 위한 우주선으로 화성에 가는 경우에는 6인의 우주 비행사가 탑승합니다.

소유스 우주선은 3인승입니다. 내부는 상당히 좁고 좌석 앞면에 각종 장치가 있습니다. 선장은 가운데 자리(이 사진의 앞쪽 자리)에 앉아 지휘합니다. 왼쪽 자리(이 사진의 안쪽)에 앉는 우주 비행사는 선장을 보좌합니다.

🇷🇺 소유스 1967년~
이미 40년 이상 사용된 러시아의 우주선으로 시대와 더불어 개량이 이루어졌습니다. 현재 지구와 ISS를 왕복하며 우주 비행사를 운반하는 우주선은 소유스밖에 없습니다.

소유스 TMA형
2002년부터 2011년까지 사용된 소유스 우주선입니다. ISS로 우주 비행사를 운반하는 데 활약했습니다. 현재는 컴퓨터 등을 개량한 소유스 TMA-M형이 사용되고 있습니다.

여러 우주선들

우주 개발이 시작된 지 약 50년 동안에 다양한 우주선이 만들어졌습니다. 우주로 가고자 하는 사람들의 소망은 여전히 변함이 없는 듯합니다.

🇷🇺 보스토크
1961~1963년

구소련(현재의 러시아)이 만든 최초의 우주선입니다. 유리 가가린이 인류 최초의 우주 비행을 했습니다. 총 6회의 비행에 성공했습니다.

🇺🇸 머큐리
1961~1963년

미국이 만든 최초의 우주선입니다. 앨런 셰퍼드는 이 우주선으로 미국 최초의 우주 탄도 비행을 했고, 존 글렌은 미국 최초의 지구 주회 비행에 성공했습니다.

🇨🇳 신주
1999년~

중국이 만든 우주선입니다. 2003년에 사람을 태운 첫 비행에 성공했습니다. 2012년에 발사된 신주(神舟) 9호는 실험용 모듈, 천궁(天宮) 1호와의 도킹도 이뤄냈습니다.

우주여행, 이제 더는 꿈이 아니다! 민간 우주선

민간 회사에 의한 우주 관광 여행 시대가 열리려 하고 있습니다. 또, NASA는 ISS에 사람이나 화물을 수송할 때 민간 회사의 우주선을 사용할 계획을 추진하고 있습니다. 우주는 점점 우리와 가까운 곳이 되어 가겠지요.

🇬🇧🇺🇸 스페이스십 2(SpaceShip 2)
스페이스십 컴퍼니(The Spaceship Company)

민간 우주여행을 위해 개발된 우주선입니다. 화이트나이트(White Knight) 2라고 하는 모선과 함께 고도 16km에 도달한 후 자신의 엔진으로 고도 약 110km에 도달합니다. 약 4분간 '우주'를 체험할 수 있습니다.

🇺🇸 시그너스
오비털 사이언스(Orbital Sciences Corporation)

일본의 '고노도리'와 마찬가지로 ISS에 물자를 운반하기 위한 무인 우주선입니다. ISS의 물자를 지구로 가지고 돌아오는 것도 할 수 있습니다.

🇺🇸 드래건
스페이스 X
(Space Exploration Technologies Corp.)
2012년~

2012년 5월부터 ISS에 물자 수송을 시작한 무인 우주선입니다. 자력으로 접근한 후 ISS의 로봇 암에 포착됩니다. 드래건은 원래 유인 우주선으로 개발되었으며 장래는 우주 비행사를 싣고 ISS로 갈 가능성도 있습니다.

삶을 풍요롭게 하는 인공위성

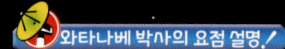

와타나베 박사의 요점 설명!

인공위성은 로켓으로 우주에 발사되어 지구 둘레를 돕니다. 거기서 보내오는 다양한 데이터가 우리의 삶에 도움을 주고 있지요. 2012년 시점에서 적어도 3,000개의 인공위성이 지구 둘레를 돌고 있습니다!

시즈쿠
지표나 해면에서 방출되는 전파를 수신하여 지구의 기후가 어떻게 변동하는지, 물은 어떻게 순환하는지 등을 장기간 관측하고 있습니다.

미치비키
지구 둘레를 돌면서 일본 거의 바로 위에 위치해 있는 인공위성입니다. 차나 사람이 어디에 있는지를 정확하게 측정해서 차량 내비게이션이나 휴대전화에 신호를 보내고 있습니다.

아스트로 에이치(Astro-H)
JAXA가 계획하고 있는 X선*망원경(92쪽)을 탑재한 인공위성입니다. 은하 중심에 있는 거대 블랙홀*(126쪽) 등을 관측하고 우주가 어떻게 진화하며 지금의 모습이 되었는지 그 수수께끼를 파헤칩니다.

MSG-3
ESA가 쏘아 올린 기상 위성입니다. 12종류나 되는 파장의 빛을 사용해 세세한 기상 관측이 가능합니다. 한밤중의 관측이나 구름의 온도 등도 측정할 수 있습니다.

SOD
NASA가 쏘아 올린 것으로, 플레어*(19쪽) 등 태양의 활동 모습을 관측하는 인공위성입니다. 박력 넘치는 사진이나 관측 데이터를 지구에 보내오고 있습니다.

용어집
*X선=뢴트겐에도 사용되는 방사선의 하나. *블랙홀=강력한 중력으로 인해 물질도 빛도 탈출할 수 없는 천체.
*플레어=태양 표면에서 일어나는 폭발 현상.

미래로의 모험
차세대 탐사선

와타나베 박사의 요점 설명!

지구의 궤도를 벗어나 우주 공간을 모험하는 탐사선. 여기서는 앞으로 커다란 성과가 기대되는 탐사선들을 소개합니다.

하야부사 2 (Hayabusa 2)
하야부사(50쪽)의 뒤를 잇는 후계기로 2014년 발사되었고, 2020년에 소행성 류구의 물질을 채집하여 돌아올 예정입니다.

그레일 (Grail)
NASA가 쏘아 올린 것으로 달(36쪽) 주위를 회전하는 2기의 탐사선입니다. 달의 중력을 조사하고 내부 구조 및 중심에 있는 핵이 어느 정도의 크기인지를 탐사합니다.

주노 (Juno)
2018년 7월, 목성(54쪽)에서의 임무를 마친 NASA의 궤도 선회 우주선입니다.

메이븐 (Maven)
화성(44쪽)의 대기를 조사하기 위해 NASA가 쏘아 올린 탐사선입니다. 화성 둘레를 돌면서 왜 현재와 같은 대기가 형성되었는지를 연구합니다.

돈 (Dawn)
소행성을 조사하기 위한 NASA의 탐사선입니다. 2011년에는 소행성 베스타를 바로 곁에서 관측했습니다. 다음으로는 왜행성 세레스를 방문할 예정입니다.

태양 전력 돛 (Solar Power Sail)
JAXA가 연구하고 있는 탐사선으로 꽃 모양의 커다란 태양광 패널이 태양의 빛을 받아 추진력을 얻습니다. 연료가 떨어질 걱정이 없으므로 지구에서 멀리 떨어진 목성까지 날아가 탐사하는 것이 기대되고 있습니다.

용어집 *대기=지구 등의 행성이나 위성 주위를 둘러싸고 있는 기체. *자기장=자력이 작용하는 공간.

태양계 대항해 시대의 개막
미래의 우주 개발 ①

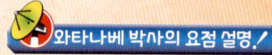 와타나베 박사의 요점 설명!

과거 유럽인들이 세계의 바다를 누비고 다녔던 대항해 시대가 있었습니다. 시간이 흘러 지금 우리를 기다리고 있는 것은 태양계를 자유롭게 오가는 새로운 대항해 시대입니다. 행성이나 항성, 소행성의 관측을 목적으로 한 체류, 그리고 자원의 이용 등을 생각할 수 있는데, 그런 미래의 우주 개발의 일부를 소개합니다.

어디가 보고 싶어?

튼튼한 우주선으로 가스 행성 안을 탐사하고 싶어!

달을 향해

달(36쪽)에 기지를 건설하는 계획입니다. 이 계획에서는 달 표면에서 채취한 얼음을 크레이터*에 있는 장치에 넣고 태양광으로 녹여서 음용수를 만든다고 합니다. 우주에서 내리쬐는 방사선이나 격심한 온도 차이에서 몸을 지키기 위해 인류는 지하에 거주합니다.

 *크레이터=천체에서 볼 수 있는 화산의 화구와 같이 둥글게 움푹 파인 장소.

소행성을 향해

소행성(50쪽)에서는 도움이 되는 광물을 많이 얻을 수 있을지도 모릅니다. 소행성에 기지를 구축하여 그곳을 기점으로 주변에 있는 소행성 탐사를 실시하고 자원을 채굴하자는 계획이 있습니다.

우주와 인간
● 화성 여행에 대비하자! ●

저온에 건조한 화성(44쪽)의 기후는 지구의 남극과 비슷한 것으로 여겨지고 있습니다. 그 때문에 NASA는 남극의 '드라이 밸리'이라고 하는 매우 건조한 토지에서 우주복을 입고 작업하며 그 성능과 개량 방법 등을 연구하고 있습니다.

이 사진은 ESA(유럽우주기구)가 지구에서 화성까지의 왕복에 걸리는 490일과 탐사 30일을 합친 520일간을 상정해 실시한 실험 사진입니다. 우주선과 비슷한 방에서 520일간 생활했습니다.

화성을 향해

지금 가장 주목을 모으고 있는 것이 화성으로 보낼 유인 탐사선 계획입니다. 2030년대까지 이를 실현시킬 계획으로 다양한 활동이 이루어지고 있습니다.

지구와 우주를 잇는 다리
미래의 우주 개발 ②

근무자 거주 구역
정지 궤도 정거장에서 일하는 사람이 사는 곳입니다.

우주 태양광 발전 모니터
태양의 빛으로 만들어진 에너지의 양 등을 체크합니다.

실험 공간
무중력* 상태에서 미래의 과학기술 개발을 위해 여러 가지 실험을 하는 장소입니다.

물질 반입용 스테이지
운반해 온 화물은 여기에 한차례 싣고 정지 궤도 스테이션 안으로 운반됩니다.

와타나베 박사의 요점 설명!

이 도감을 읽고 있는 독자 여러분 중에는 언젠간 우주에 가 보고 싶다는 생각을 하는 사람도 있을 텐데, 로켓으로 우주에 가려면 비용도 많이 들뿐 아니라, 한 번에 많은 사람이 갈 수도 없습니다. 여기서 소개하는 우주 엘리베이터를 타고 우주에 가면 비용도 로켓의 100분의 1 정도밖에 안 들고 한 번에 많은 사람이 탑승할 수 있지요. 꿈만 같은 얘기지만, 연구는 계속 진행되고 있으며, 여기서 소개하는 것은 일본 기업 오바야시구미(大林組)가 2050년까지의 실현을 목표로 하고 있는 내용입니다!

우주 태양광 발전
우주에서 태양광을 사용해 에너지를 만들어 내기 위한 장치입니다.

정지 궤도 스테이션은 회전에 의해 작용하는 원심력이 바로 지구 중력과 균형을 이루는 장소에 있습니다.

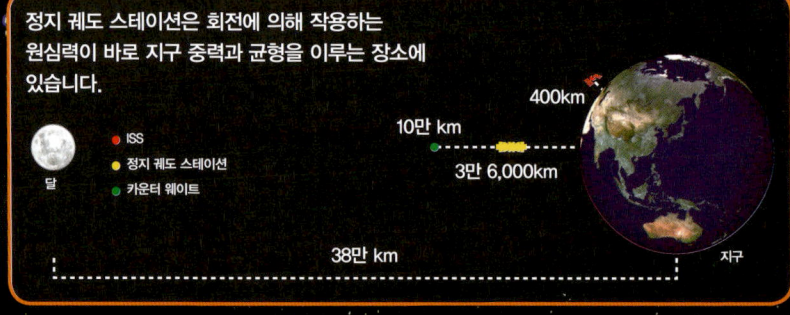

- 🔴 ISS
- 🟡 정지 궤도 스테이션
- 🟢 카운터 웨이트

달 — 38만 km — 지구
10만 km
3만 6,000km
400km

용어집 *무중력=중력을 느끼지 않는 현상.

어스 포트(Earth Port)
적도 상에 만들어진 엘리베이터 탑승구, 즉 우주로 가는 출발점입니다.

단기 체류 공간
우주 여행자가 체류하기 위한 장소입니다.

정지 궤도 스테이션

정지 궤도 스테이션은 ISS의 약 15배 규모가 될 예정입니다. 지상의 랜드마크 못지않은 우주의 스페이스 마크가 되겠지요. 한 동에서 50명 정도가 거주할 수 있으며, 각 동의 방은 육각형의 형태로 우주에서의 작업이 쉽도록 되어 있습니다.

정지 궤도 스테이션 내부
정지 궤도 스테이션 내부의 상상도입니다.

30인승 엘리베이터
어스 포트에서부터 약 1주일간 정지 궤도 스테이션으로 향합니다.

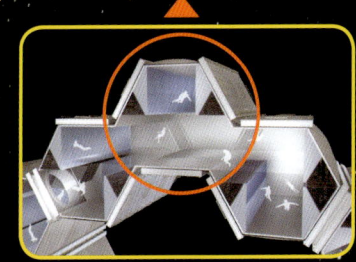

육각형 방을 연결하여 넓게 사용할 수 있습니다.

우주 엘리베이터

우주로 쏘아 올린 위성이 지구를 향해 케이블을 뻗으면서 상승합니다. 약 10만 km 상승한 지점이 그대로 우주 엘리베이터의 끝부분이 되는 것이지요. 이 장소는 카운터 웨이트라고 불립니다. 지구 쪽에 있는 케이블 말단에는 어스 포트(엘리베이터 탑승구)를 만들고, 지상에서 약 3만 6,000km 지점에 정지 궤도 스테이션을 만듭니다.

사진 제공/취재 협조: 주식회사 오바야시구미

우주 공간으로의 이주
미래의 우주 개발 ③

와타나베 박사의 요점 설명!

인구가 너무 많아지거나 환경이 너무 악화되어서 더는 지구에서 살 수 없게 된다면 어떻게 될까요? 그 해결 방법의 하나로 우주로의 이주를 생각할 수 있습니다. 만일 우주에서 살게 된다면 그 정해진 공간 안에서 전기와 물, 식량을 조달해야 하겠지요. 여기서는 우주로의 이주를 위한 몇몇 실험과 구상에 대해서 소개합니다.

스페이스 콜로니
우주에 떠 있는 거주용 초거대 시설입니다. 전체는 도넛 모양으로 되어 있고 이것이 회전하면서 발생하는 원심력을 중력 대신으로 삼습니다. 따라서 지구와 마찬가지로 생활할 수 있습니다.

내부 상상도
스페이스 콜로니 내부의 상상도입니다. 빌딩이 늘어서 있고 연못이 있으며 나무들이 심어져 있습니다. 우주 공간에서도 이와 같이 지구에서와 같은 생활이 가능할 것으로 생각되고 있습니다.

우주와 인간
● 우주 공간에서의 자급자족을 지향한다 ●

우주에서 장기간 생활하려면 자급자족이 가능해야 합니다. 1991년, 외부에서 완전히 폐쇄된 공간 '바이오스피어(Biosphere) 2'(미국)에서는 사전에 준비한 것 이외의 식량과 물, 공기를 반입하지 않고 완전히 자급자족하면서 생활하는 실험이 이루어졌습니다. 그런데 식량 부족을 비롯해 인간관계의 갈등 등 여러 가지 문제가 일어나면서 2년도 채 되지 않아 실험은 종료되었지요. 일본에도 폐쇄된 공간에서 식물과 동물을 사육하고 인공적으로 생태계를 만드는 시도가 아오모리현 롯카쇼무라(六ヶ所村)에서 이루어지고 있습니다. 우주로의 이주는 균형잡힌 환경을 인공적으로 만들어 낼 수 있느냐 아니냐에 달려 있다고 할 수 있겠습니다.

바이오스피어 2의 외관   바이오스피어 2의 내부

우주 개발의 역사

13세기	화살에 화약을 장치한 무기를 넣은 '화전(火箭)'이 중국에서 사용되기 시작한다. 세계 최초의 로켓 기술이었다.
1379년	이탈리아의 내전으로 화전과 비슷한 로켓 병기 '로케타(Rocchetta)'가 사용되었다.
1926년	미국 발명가 로버트 고다드(Robert Goddard)가 세계 최초의 액체 연료(가솔린) 로켓 발사에 성공.
1955년	일본의 이토카와 히데오(糸川 英雄) 박사가 길이 23cm의 펜슬 로켓을 개발. 일본 최초의 로켓 발사 실험에 성공했다.
1957년	구소련(현재 러시아)이 세계 최초의 인공위성 '스푸트니크 1호' 발사에 성공한다.
1961년	구소련의 유리 가가린이 우주선 '보스토크 1호'로 인류 최초의 우주 비행을 실현했다.
1969년	미국의 '아폴로 11호'가 달에 착륙. 우주 비행사 두 사람이 달 표면을 밟았다.
1970년	일본이 개발한 로켓 '람다 4형'이 위성 발사에 성공. 일본 최초의 인공위성 '오오스미'가 지구 궤도에 진입했다.
1970년	구소련의 무인 탐사선 '베네라 7호'가 세계 최초로 금성에 착륙했다.
1971년	구소련이 세계 최초의 우주정거장 '살류트 1호'를 쏘아 올리는 데 성공. 3인의 우주 비행사가 24일간 우주에 머물렀다.
1977년	미국이 무인 탐사선 '보이저 1호' '보이저 2호'를 쏘아 올리는 데 성공. 목성과 토성 탐사를 했으며 현재도 태양계 외를 목표로 운행되고 있다.
1981년	미국의 스페이스 셔틀이 처음으로 발사되었다.
1990년	미국이 허블 우주망원경을 쏘아 올리는 데 성공한다.
1990년	일본인 저널리스트 아키야마 도요히로(秋山 豊寬)가 구소련의 소유스 TM-11호로 우주 여행에 나서 우주정거장 '미르'에서 8일간 체류.
1992년	일본인 우주 비행사 모리 마모루(毛利 衛)가 스페이스 셔틀 '엔데버'로 비행. 일본인 우주 비행사가 스페이스 셔틀로 우주로 가는 시대가 시작된다.
1998년	일본, 미국, 러시아, 유럽 각국이 참가하는 국제 우주정거장 건설이 시작된다.
2001년	일본이 개발한 로켓 H-ⅡA의 제1호기 발사에 성공.
2004년	NASA의 화성 탐사차 '스피릿'과 '오퍼튜니티'가 화성에 착륙. 과거 화성에 바다가 있었다는 사실을 분명히 밝혔다.
2005년	NASA와 ESA의 탐사선 '하위헌스(Huygens)'가 토성의 위성 타이탄에 착륙하는 데 성공.
2010년	일본이 쏘아 올린 탐사선 '하야부사'가 소행성 이토카와의 미립자를 지구로 가지고 돌아왔다.
2011년	국제 우주정거장이 거의 완성되면서 스페이스 셔틀 퇴역.
2012년	미국이 개발한 화성 탐사차 '큐리오시티(Curiosity)'가 화성에 착륙.

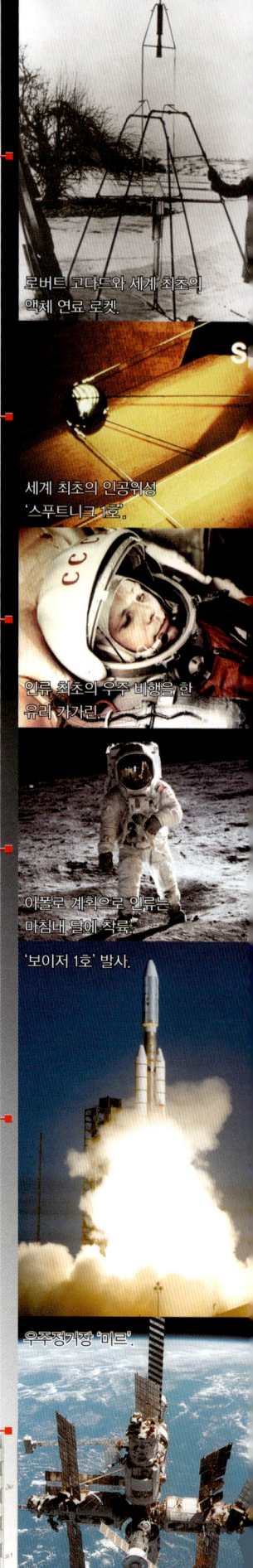

로버트 고다드와 세계 최초의 액체 연료 로켓.

세계 최초의 인공위성 '스푸트니크 1호'.

인류 최초의 우주 비행을 한 유리 가가린.

아폴로 계획으로 인류는 마침내 달에 착륙.

'보이저 1호' 발사.

우주정거장 '미르'.

이것으로 전부 이해된다!
우주 연표

천문학의 역사

와타나베 박사의 요점 설명

인간은 오랜 옛날부터 밤하늘을 올려다보며 천체의 움직임에 대해서 생각해 왔습니다. 고대의 천문학자들도 상세한 천체 관측을 했었지만, 천문학은 망원경의 등장으로 크게 발전했고, 최근에는 다양한 관측 장치를 사용해 우주의 시작과 진화에 대한 연구가 이루어지고 있지요. 또, 1961년에 유리 가가린이 처음으로 우주 비행에 성공한 이래 우주정거장, 스페이스 셔틀과 우주 개발은 더욱 왕성해지고 있습니다. 이제 여기서는 우주의 비밀을 파헤치기 위해 인류가 걸어온 발자취를 되돌아보기로 하겠습니다.

기원 전 20세기경	이집트에 태양력, 메소포타미아에 태음력이 발생한다.
기원 전 4세기	고대 그리스의 에우독소스(Eudoxus)가 "지구는 우주의 중심에 있으며 모든 천체는 지구 주위를 돌고 있다."는 천동설을 제창했다.
기원 전 3세기	이집트에서 활약했던 그리스인 에라토스테네스(Eratosthenes)가 지구의 크기를 측정했다.
기원 전 2세기	고대 그리스의 히파르코스(Hipparchos)가 항성의 밝기를 6단계로 분류한다.
150년경	알렉산드리아의 클라우디오스 프톨레마이오스가 천동설의 기초가 되는 '알마게스트(Almagest)'를 정리한다.
10~15세기	이슬람 문화권에서 천문학이 발달하면서 울루그베그 천문대(Ulugh Beg Observatory) 등이 건설된다.
1543년	폴란드의 니콜라우스 코페르니쿠스가 "행성은 태양을 중심으로 한 타원 궤도상을 공전한다."는 지동설을 제창했다.
1609년	갈릴레오 갈릴레이에 의해 천체망원경을 사용한 천체 관측이 시작된다.
1609~1619년	독일의 요하네스 케플러(Johannes Kepler)가 "행성의 공전궤도는 타원이다."와 같은 '케플러 법칙'을 발표.
1687년	영국의 아이작 뉴턴이 '모든 물체 사이에 작용하는 인력'이 있다고 하는 만유인력의 법칙을 발표.
1905년	독일에서 태어난 물리학자 알베르트 아인슈타인이 '특수 상대성 이론' 등을 발표한다.
1927년	벨기에의 조르주 르메트르(Georges Lemaitre)가 '빅뱅 이론'의 기초가 되는 생각을 제창한다.
1928년	현재의 국제 천문학 연합(IAU)이 지금도 사용되고 있는 88가지 별자리를 정한다.
1929년	미국의 에드윈 허블이 "우주는 팽창하고 있다."는 허블 법칙을 발표.
1965년	미국의 로버트 윌슨과 아노 펜지어스가 '빅뱅 이론'을 뒷받침하는 우주배경복사를 발견한다.
1987년	일본의 고시바 마사토시(小柴 昌俊)가 대마젤란 성운의 초신성 SN 1987A에서의 중성미자를 검출한다.
1995년	스위스의 미셸 마이어(Michel Mayor) 등이 세계에서 처음으로 외계 행성을 발견한다.
2003년	우주가 탄생한 후, 현재는 137억 년 후라는 사실이 분명해지게 된다.
2006년	국제 천문학 연합이 행성, 왜행성, 소천체의 분류를 정한다.

지동설을 제창한 코페르니쿠스.

르메트르가 '빅뱅 이론'의 기초를 만들었다.

허블이 사용했던 마운트 윌슨 천문대의 망원경

색인

이 도감에 나오는 키워드를 가나다순으로 정리했습니다.

가

가구야	36
가니메데	57
가스프라	53
가을의 사각형	84
간조	40
갈릴레오 갈릴레이	33, 57
갈릴레오 탐사선	57
갈색왜성	99, 101
감마선 버스트	5, 93
개기월식	43
개기일식	42
게 성운	4, 104, 132
겨울의 다이아몬드	85
겨울의 대삼각	85
고노도리	142, 149
고리 성운	105
골드 디스크	72
태양의 표면	17
구상성단	111, 119
국부 은하군	122, 133
국제 우주정거장	29, 143
굴절망원경	81
궁수자리 A스타	92
그랜드캐니언	45
그레일	153
극관	46
극순환	31
글리제 229B	99
글리제 581c	114, 132
금성	2, 12, 14, 24, 26, 27
금환일식	43
기보	143

나

뉴 호라이즌스	69
니콜라우스 코페르니쿠스	33
닐 암스트롱	39

다

다이아몬드 링	43
달	14, 34, 36, 38, 40, 154
대기광	28
대류권	29
대류층	17
대마젤란운	123, 133
대적반	55
대흑반	66
더듬이은하	89, 125, 133
더스트 데빌	47
더스트 스톰	47
데네브	98, 132
데스티니	143
데이모스	44
델타 II	147
델타 IV	147
도킹 모듈	143
독수리 성운	102
돈	153
드래건	3, 151
드래건 피시 성운	90
디오네	63
딥 임팩트	71
뜨거운 목성	116

라

렌즈형은하	124
로버트 윌슨	137
로보넛 2	142
로봇 암	142, 149
로제타	4, 71
로켓	146, 148
루나 리커니슨스 오비터	37

마

마리너 2호, 4호, 8호, 10호	23, 48
마스 글로벌 서베이어	49
마스 리커니슨스 오비터	49
마스 오디세이	49
마스 옵저버	48
마스 익스프레스	49
마우나케아 산	45
마젤란	25
마트몬즈 산	26
마틸데	53

만월	40
만조	40
매리너스 협곡	44
머드팟	117
머리털자리 은하단	133
머큐리	151
메신저	23
메이븐	153
명왕성	68
모래시계 성운	105
목성	13, 14, 21, 54, 56, 79
몬스터 은하	88
무중력	145, 156
물병자리 에타 유성군	82
뮤쥬의 바다(Muses Sea)	51
미라	109
미란다	65
미마스	63
미스틱 마운틴	8, 113
미치비키	152
미행성	75

바

바나드	68, 113
바이오스피어 2	1, 159
바이킹 1호	48
바이킹 랜더	48
반사망원경	81, 86
반사성운	113
방사층	17
배린저 크레이터	52
백반	16
백색왜성	99, 101, 105
백조자리 X-1	106, 132
벌지	120, 125
베가	132
베네라 7호, 13호	26
베스타	53
베텔게우스	98, 104, 132
베피콜롬보	23
변광성	109
보스토크	151
보이드	131
보이저 1호, 2호	12, 65, 72
복사점	71
봄의 대곡선	82
불규칙은하	125
블랙홀	100, 106, 126, 128, 141
비너스 익스프레스	25
빅 크런치	140

사

사분의자리 유성군	85
사자자리 유성군	84
산개성단	110
삼각형자리은하	133
상현달	40
새턴 V	146
샤를 메시에	125
섀클턴 크레이터	37
성간 분자구름	110
성운	101, 103, 112
성층권	29
세레스	53, 69
세이퍼트은하	127
센타우루스자리 알파별	132
소마젤란운	123, 133
소용돌이은하	125, 130
소유스	150
소유스 FG	146
소저너	49
소행성	50, 91, 155
소행성대	13, 14, 53, 91
수성	12, 14, 22, 27
슈메이커-레비 제9혜성	55
슈퍼 가미오칸데	93
슈퍼 콜드 플룸	31
슈퍼 핫 플룸	31
슈퍼지구	116
슈퍼플레어	20
스바루 망원경	86
스위프트 우주망원경	93
스자쿠 우주망원경	92
스타더스트	71
스팅어 팬	117
스페이스 셔틀	10, 150
스페이스 콜로니	158
스페이스십 2	151
스프라이트	29
스피처 우주망원경	90
시그너스	151
시리우스	99, 132
시즈쿠	152
신월	41
신주	151
신카이 6500	59
쌍둥이자리 유성군	85
쌍안경	80

아

아노 펜지어스	137
아리안 V	147

아스트로 에이치	152	움브리엘	65
아이손 혜성	2	원시별	100, 103, 113
아이작 뉴턴	41	원시 행성	75
아인슈타인 고리	131	월식	42
아카리 우주망원경	90	위르뱅 르베리에	67
아카쓰키	12, 25	윌리엄 허셜	64, 119
아틀라스 V	147	유령 성운	105
아폴로 11호	39	은하계	111, 113, 118, 120, 123, 132
아폴로 계획	38	은하단	130
안드로메다은하	87, 122, 133	은하수	121
알데바란	98	이다	53
알베르트 아인슈타인	131	이아페투스	63
알타이르	132	이오	56
암흑물질	5, 138	이토카와	50
암흑성운	102, 113, 118	이토카와 히데오	149
암흑에너지	5, 140	인플레이션	136
양치기 위성	65	일면통과	2, 27
어스 포트	157	일식	42
에우로파	57, 58	일출	2, 16
에지워스-카이퍼 벨트	69, 73	입상반	16
에타 카리나 성운	8, 112		
엔셀라두스	63		
엥케 혜성	72		

자

여름의 대삼각	83	자기권	21
연성	105, 108	자기장	18, 20, 30
연주 시차	97	자력선	18
열권	29	자이언트 임팩트	35, 116
영구 음영	23, 37	장정 2호	147
오로라	21, 28	적색 초거성	98, 100
오르트의 혜성운	2, 73, 132	적색거성	77, 98, 101
오리온	150	전파은하	127
오리온 대성운	110, 112, 132	절대 등급	97
오리온자리	84, 110	정지 궤도 스테이션	157
오릴리아	117	제니트 3F	147
오퍼튜니티	7, 48	제트기류	30
올림포스 산	45	조수의 간만	40
왜소은하	123, 133	존 쿠치 애덤스	67
왜행성	69	주노	153
외계 행성	4, 114, 116	주세페 피아치	53
외뿔소자리	91	중간권	29
요한 갈레	67	중력 렌즈 효과	79, 131
용의 폭풍	61	중력파	93
우메라 사막	50	중성미자	93
우주 엘리베이터	157	중성자별	4, 99, 100, 107
우주 제트	88, 103, 106, 126, 129	중심핵	120
우주배경복사	133, 137	즈베즈다	143
우주복	144	지구	13, 14, 28, 30, 32, 34, 76
우주 비행사	38, 79, 144	지구돋이	38
우주선	150	지동설	33
우주의 구멍	91		
우주의 대규모 구조	133		

차

운석	52	찬드라 우주망원경	92
운철	52		

채층	17
처녀자리 은하단	130, 133
천동설	33
천왕성	12, 15, 64
청색 초거성	98
초승달	41
초신성 잔해	104
초신성 폭발	101, 104
초은하단	131
충격파	72
침니	59

카

카그라	93
카스토르	108, 132
카시니	13, 60, 62
칼로리스 분지	23
칼리스토	57
케크 망원경	87
케플러 우주망원경	117
코로나	17
콜럼버스	142
퀘이사	126, 133
큐리오시티	3, 49
큐폴라	143
크레이터	52
큰개자리 VY별	99
클라우디오스 프톨레마이오스	33

타

타깃 마커	50
타란툴라 성운	123
타원 궤도 가스 행성	116
타원은하	124, 130
타이탄	62
태양	12, 14, 16, 18, 120
태양 전력 돛	13, 153
태양계	12, 14, 72, 74, 76, 135
태양계 외연 천체	68
태양풍	20, 72
테티스	63
템펠 제1혜성	71
토성	13, 15, 21, 60, 62
튜브 벌레	59
트리톤	67
티타니아	65

파

퍼스트 스타	137
펄서	107

페렐순환	31
페르세우스자리 유성군	83
포보스	44
포이베	63
푸른 저녁노을	47
프로미넌스	16, 18
프로테우스	67
프로톤	147
플레어	17, 19
플레이아데스 성단	111, 132
피닉스	49
필란 파테라	56

하

하루카 우주망원경	89
하야부사	12, 50
하야부사 2	153
하위헌스	62
하틀리 제2혜성	71
하현달	40
항성	96, 98, 100, 102, 104, 106
항성운	97
해들리순환	31
해비터블 존	115
해왕성	12, 15, 66
해파리 성운	92
핵융합 반응	17
핼리 혜성	72
행성상 성운	71, 101, 105
햐쿠타케 혜성	72
허블 우주망원경	8, 65, 78, 132
허블 울트라 딥 필드	79, 132
허빅-아로 천체	103, 113
허셜 우주망원경	91
헤일밥 혜성	70, 72
헤일로	120
헬리오스피어	72
헬리오시스	72
화성	13, 14, 44, 46, 155
황소자리 유성군	84
휘선성운	112
흑색왜성	101
흑점	16, 18

숫자

10월 용자리 유성군 · 84
2MASS 프로젝트 · 90
3C66B · 129

A

Abell 1689 · 130, 133
ALMA(알마) · 2, 88
Arp 147 · 125

C

CME · 20

E

E-ELT · 95

G

GMT · 95
GRB 090429B · 93

H

H-ⅡA · 147
H-ⅡB · 148
HR도 · 99

J

JWST · 95

L

LBT · 87

M

M13 · 111
M51 · 133
M87 · 124, 133
MSG-3 · 152

N

N49 · 104
NGC 1300 · 125
NGC 3603 · 110
NGC 4414 · 125
NGC 6726 · 113
NGC 6727 · 113

S

SDO · 152
SKA · 94
SPICA(스피카) · 95
SPT · 89

T

TMT · 95

V

VLT · 87

W

W5 · 102
WISE · 91
WMAP · 137

KODANSHA no Ugoku Zukan MOVE UCHU
ⓒ KODANSHA, 2012
All Rights Reserved.
Original Japanese edition published by KODANSHA LTD.
Korean translation rights arranged with KODANSHA LTD.
through Shinwon Agency Co.
Korean edition published in 2018 by LUDENS MEDIA Publishing Co., Ltd.

이 책의 한국어판 저작권은 ㈜신원에이전시를 통해 저작권자와 독점 계약한 루덴스미디어㈜에 있습니다.
저작권법에 의하여 한국 내에서 보호를 받는 저작물이므로 무단 전재 및 복제를 금합니다.

[감수]
와타나베 준이치 (일본 국립 천문대 부대장, 교수)

[집필]
이즈미다 시안, 엔도 요시후미, 데라카도 가즈오, 쓰치야 켄,
나이토 세이이치로, 후루소 레이코, 오피스 303

[협력]
사토 다카코, 도노오카 히데아키

[일러스트·도판]
이케시타 아키오, 마카베 아키오, 고이케 나나에 (오피스 303)

[표지 디자인]
기도코로 준 (준 기도코로 디자인)

[본문 디자인]
하라구치 마사유키, 아마노 히로카즈, 오바 유키 (DAI·ART PLANNING)

[편집]
류 겐타로, 가와무라 미유키 (오피스 303)

[사진/일러스트]
특별 협조: 아마나이메지스(amanaimages)

아사히신문사, 아난시 과학센터, 이시가키지마 천문대, 바이엔노사토 천문대, 가나자와 대학 요네토쿠 다이스케(개인), 주식회사 오바야시구미, 주식회사 빅센, 긴가노모리 천문대, 군마 천문대, 일본 국립 천문대, 센다이시 천문대, 지바시립 향토박물관, 도쿄대학 우주선연구소 가미오카 우주소립자 연구시설, 도쿄대학 우주선연구소 중력파 추진실, 독립행정법인 우주항공연구개발기구, 독립행정법인 해양연구개발기구, 돗토리시 사지 아스트로 파크, 도야마시 과학박물관, 도야마시 천문대, 나고야대학대학원 이학연구과 천문물리학 연구실, 효고현립대학 니시하리마 천문대, 후지이 아키라(개인), 미사토 천문대, 야마구치 히로야 이화학연구소 스자쿠 디지털 스카이 서베이(DSS), Alexander Aurichio, Alexander Preuss, Apollo Maniacs, ESO/A. Roquetta, Keith Vanderlinde, National Science Foundation, NASA, NARO/AUI, Walter Myers

루덴스미디어

움직이는 도감
MOVE 우주

편저 고단샤
감수 와타나베 준이치
역자 고정아
찍은날 2018년 12월 19일 초판 1쇄
펴낸날 2022년 9월 5일 초판 3쇄
펴낸이 홍재철
디자인 박성영
마케팅 황기철·안소영
펴낸곳 루덴스미디어(주)
주소 경기도 고양시 일산동구 무궁화로 43-55, 604호(성우사카르타워)
홈페이지 http://www.ludensmedia.co.kr
전화 031)912-4292 │ 팩스 031)912-4294
등록 번호 제 396-3210000251002008000001호
등록 일자 2008년 1월 2일

ISBN 979-11-88406-62-3 74400
ISBN 979-11-88406-60-9(세트)

결함이 있는 책은 구입하신 곳에서 바꾸어 드립니다.
값은 뒤표지에 있습니다.

이 도서의 국립중앙도서관 출판시도서목록(CIP)은 e-CIP홈페이지
(http://www.nl.go.kr/ecip)에서 이용하실 수 있습니다. (CIP제어번호 : CIP2018041746)

우리 아이가 달라졌어요!
Level up! 자신감도 up!

다양하고 획기적인 트레이닝을 통해
아이 스스로 해결할 수 있는 힘을 길러 주는
레벨 업 시리즈!

올컬러

❶ 내 편 만들기
친구 관계에 자신감을 주는 42가지 소셜스킬

❷ 스트레스 날리기
스스로 스트레스를 해결하는 45가지 연습

❸ 할 말 다하기
커뮤니케이션에 자신감이 생기는 44가지 트레이닝

❹ 자존감 높이기
용기와 자신감을 키우는 45가지 스킬

❺ 마음 다루기
아이와 함께하는 50가지 감정 컨트롤 트레이닝

❻ 발표력 키우기
발표력과 표현력을 기르는 52가지 활동

❼ 긍정으로 사고하기
나다움을 발견하고 의욕을 끌어내는 51가지 활동

❽ 똑바로 표현하기
자신의 생각을 확실히 말할 수 있는 38가지 화법

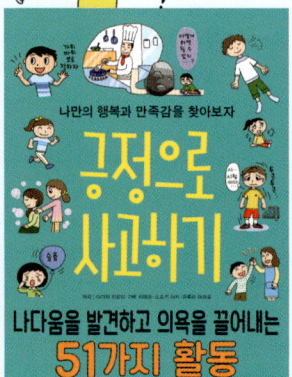

루덴스미디어 전화 | 031)912-4292 팩스 | 031)912-4294 루덴스미디어(주) http://www.ludensmedia.co.kr

화성 탐사기

▶ P.48

주회 궤도에 투입되는 탐사선들은 화성 상공에서 여러 데이터를 수집합니다.

• 바이킹 1호

• 마리너 8호

• 마리너 2호

• 마리너 4호

• 마스 옵저버

우주 탐사기

태양 관측 위성 히노데

▶ P.16

2006년 발사, 현재 임무 수행 중.

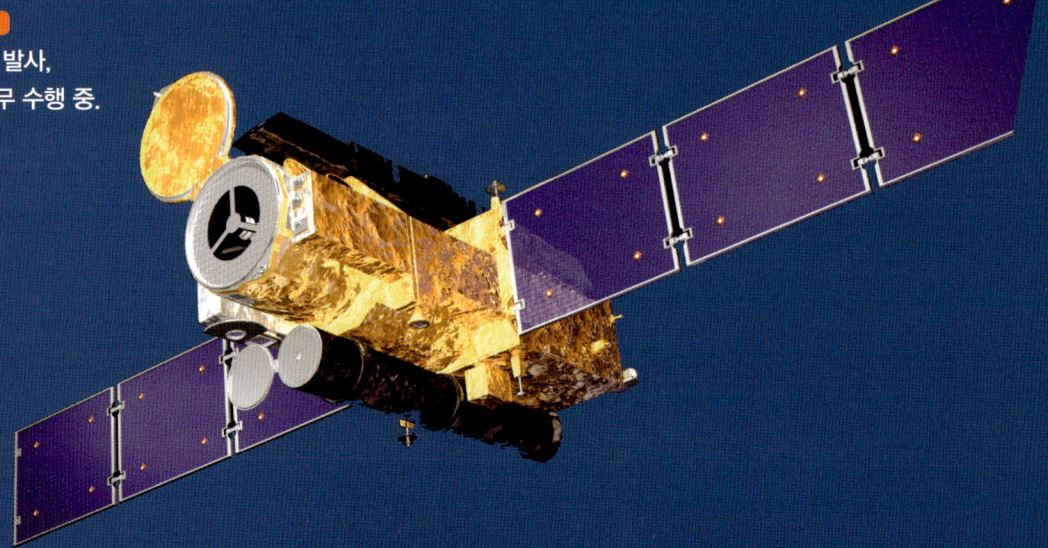